「頭の知性」×「心の知性」×
「プロフェッショナル・マインド」を鍛える
最強のバイブル

戦略コンサルタント
仕事の本質と全技法

遠藤 功

東洋経済新報社

はじめに

「虚業」と呼ばれないために

「コンサルタントなんて頭でっかちの無責任な仕事をいつまで続けているんだ。そんな虚業さっさと辞めて、早く実業に戻ったほうがいい」

戦略コンサルタントに転身して3年目。以前勤めていた会社でお世話になった先輩に言われたこの言葉を、私はいまでも忘れない。

「虚業」

私はこの言葉と闘いながら、30年間この仕事を続けてきたと言っても過言ではない。

――もっともらしいことは言うが、机上の空論ばかり。

――自分たちでは汗をかかず、現実を知らないご託宣ばかり。

コンサルタントという仕事には、こうした悪評、悪いイメージが常について回る。なかには、コンサルタントを毛嫌いする人たちもいる。

私自身も複数の有名企業の経営者に、「コンサルタントは信用しない」「コンサルタントは役に立たない」という言葉を何度も浴びせられたことがある。

いまでは、そんな言葉を気にすることはなくなったが、若かりしころはさすがにめげたし、いろいろと考えさせられた。

コンサルタントの社会的認知は高まったが……

コンサルタントという仕事は、いまでこそ高学歴の若い人たちを中心に人気の職業のひとつになった。

就活サイトを運営するワンキャリアが東大・京大の学生を対象に行った2021年卒の就職人気ランキングでは、トップ30社のうちなんと14社がコンサルティング会社である。ローランド・ベルガー（RB）も21位にランクインしている。

私が戦略コンサルタントになった30年前とは比べ物にならないほど、コンサルタントという仕事の社会的認知は格段に高まった。

しかし、現実を見れば、クライアントに真の付加価値を提供できる本当に力のあるコンサルタントは、けっして多くはない。大半はプロフェッショナルとはほど遠い「サラリーマンコンサルタント」「似非《えせ》コンサルタント」だ。

この仕事をするには、特別な資格はいらず、「コンサルタント」と名刺に入れさえすれば、誰でも今日から「コンサルタントです」と名乗ることができる。

ハードルの低い、いかがわしい職業であるのも事実だ。「虚業」と誹《そし》りを受けても仕方がない。

だからこそ、私は虚業にならないように、虚業と言わせないように、30年間もがき苦しんできた。

正直にいえば、「こんな仕事に価値はない」と虚しさや無力感を感じたことは一度ならずある。

いまから思えば、すべては自分の非力さゆえなのだが、それを「こんな仕事には価値がない」と責任転嫁し、自分を納得させようとしていたにすぎない。

「実業」の世界に戻るチャンスも何度かあった。それでも、私はこの職業を自ら選択し、やりつづけてきた。

その根底には、コンサルタントという仕事は立派な「実業」なのだということを、なんとか証明してみせたいという意地があった。

4つの外資系ファームで研鑽を積む「稀なキャリア」
——うち3社では「パートナー」（共同経営者）としての役割を担う

戦略コンサルタントとしての30年のキャリアの中で、私は4つの外資系ファームで仕事をしてきた。

複数のファームを経験することは珍しいことではないが、4つのファームとなると、あまり聞いたことがない。

4社のうち、3社ではパートナー（共同経営者）としてその役割を担ってきた。

4社を渡り歩いてきたというと、ふらふらして腰が据わっていないと思われるかもしれない。しかし、私自身は戦略コンサルタントとしての幅と力量を高めるために、その時々においてベストな居場所を選択してきたというのが実感である。

戦略コンサルタントとしてのキャリアを歩みはじめたボストン・コンサルティング・グループ（BCG）では、数多くの戦略策定プロジェクトに携わった。BCGでの経験こそが、私の原点であり、基盤となっている。

しかし、戦略策定のみでは飽き足らず、実行支援にも関与したいという思いが強くなり、幅広いコンサルティングサービスの提供を打ち出していたアンダーセン・コンサルティング（AC、現アクセンチュア）の戦略グループに参画した。

ACでは、戦略グループの立ち上げに力を注ぐ一方で、業務改革や営業改革などのプロジェクトに関わった。

その後、BCGの先輩に誘われ、ブーズ・アレン・ハミルトン（BAH、現ストラテジーアンド）に移った。

オペレーション系に強みをもつBAHでは、グローバルレベルのサプライチェーンマネジメント（SCM）や調達改革を手掛けた。

そして、2000年に欧州系戦略コンサルティングファームであるローランド・ベルガーの日本法人社長に就任した。

ローランド・ベルガーでは経営者として弱小だった東京オフィス強化の陣頭指揮をとった。ドイツ本社の経営監査委員会のアジア初のメンバーとして、グローバル経営にも携わった。

30年間にお付き合いしたクライアントの数は約100社、プロジェクトの数は200を超える。

中期経営計画策定などの全社戦略策定から事業戦略、オペレーション改革、グローバル戦略、新規事業戦略、M&Aなどじつに多岐にわたるプロジェクトを経験できたことが、私の最大の強みだと思っている。

頭脳的にも、身体的にも、精神的にも「タフさ」が求められる
――この仕事が「知的体育会系」と呼ばれる所以

これだけの経験を積んだのだから、さぞかし戦略コンサルタントとしての腕に磨きがかかっているだろうと思われるかもしれないが、残念ながらそうではない。

似たようなテーマのお手伝いをしたとしても、それぞれのクライアントの状況はまったく異なる。「A社の答え」が、そのまま「B社の答え」にはなりえないし、してはいけない。

もちろん経験を積めばそれだけ「引き出し」の数は増えるが、それはあくまで「引き出し」であって「答え」ではない。

それぞれのクライアントにとって「最適な答え」は何かを常に問いつづけ、導き出さなければならない。

毎回毎回が真剣勝負。きわめて高度で、タフな仕事だ。

外から見れば、若いながらも一流企業の経営トップと対峙し、変革をサポートするスマートでかっこいい仕事と思われるかもしれない。

だが、その実はきわめて泥臭く、地味な仕事だ。クライアントのために付加価値をつけようと必死で努力しなければ、いい仕事はできない。

自分たちよりもはるかにビジネス経験、人生経験が豊富なクライアントの経営陣に対し

て、高い付加価値を提供しなくてはならないのだから、ハードルはきわめて高い。

頭脳的にも、身体的にも、そして精神的にも、「尋常ではないタフさ」が求められる。

それが、この仕事が「知的体育会系」と呼ばれる所以《ゆえん》だ。

だから、本音をいえば、私はこの仕事を「楽しい」と思ったことが一度もない。

やりがいは大きいし、さまざまな業種の、さまざまな会社の、さまざまなテーマに関与できるので、「面白い」と感じることは多い。

でも、「面白い」は「楽しい」ではない。

30代前半だった駆け出しコンサルタントのころは、クライアントの社長への最終報告会の前日には一睡もできず、「自分の分析は正しいのだろうか」「本当にこんな提言をしていいのだろうか」と自問自答を繰り返した。胃が痛くなるほどの強烈なプレッシャーと不安を感じていた。

いまから振り返れば、それはきわめてまっとうな反応だったのだと思う。

人生を変えた「二人の本物」との出会い

そうであるならば、なぜそんなプレッシャーの大きなタフな仕事を30年もの間、続けることができたのか。

結論をいえば、それは二人の偉大なプロフェッショナルとの出会いがあったからだと私は思っている。「本物」と出会うことができたからこそ、その「極み」を目指して、努力を続けることができた。

その二人とはBCGでお世話になった堀紘一さんとローランド・ベルガーの創業者であるベルガーさんだ。

詳しくは本編で紹介するが、堀さんには戦略コンサルタントの「極み」を見せていただいた。

駆け出しコンサルタントのころ、私は幸運にも堀さんといくつかのプロジェクトでご一緒することができた。

私はそこで「本物」の戦略コンサルタントを目の当たりにした。真のプロフェッショナルとは何かを肌で実感することができた。

堀さんの域に達することはできないまでも、なんとかして「本物」に少しでも近づこうと、私は30年間精進を重ね、もがいてきた。

ベルガーさんは傑出した戦略コンサルタントであると同時に、偉大なる起業家だ。

1967年に「欧州発のコンサルティング会社をつくろう」とたったひとりでドイツ・ミュンヘンで会社を興した。当時、ベルガーさんは29歳だった。

そして、50余年が経ったいま、RBは世界35ヶ国に51のオフィスをかまえるグローバル戦略コンサルティングファームになった。

「机上の空論ばかりで自分たちでは何もできない」と思われているコンサルタントでも

グローバル経営はできるのだということをベルガーさんは証明している。

ベルガーさんの起業家魂に触発された私は、日本法人社長として東京オフィスの立ち上げに奔走した。そして、この経験は戦略コンサルタントとしての私にもきわめて大きなインサイトを与えてくれた。

この二人の「本物」との出会いがなければ、おそらく私は途中でまったく違う道を歩んでいただろう。

「本物」と出会い、この仕事の高みを知ったからこそ、私はこのタフな仕事を30年も続けることができたと思っている。

「触媒」が「化学反応」を加速させ、変革を実現させる
——誤った合理性に執着することほど不合理なことはない

戦略コンサルタントは、なぜ「怪しげ」に思われるのか。

そのひとつの理由は、この仕事の付加価値がよくわからない、見えないためだと思う。

山ほどの分析をこなし、クライアントを煙に巻くロジックを組み立て、見栄えのいいスライドを量産する。戦略コンサルタントに対するこうした一般的なイメージは、この仕事の本質ではない。

戦略コンサルタントという仕事の本質をひと言で表現すれば、それは「触媒」(catalyser)

図表0◆1 「触媒」の役割

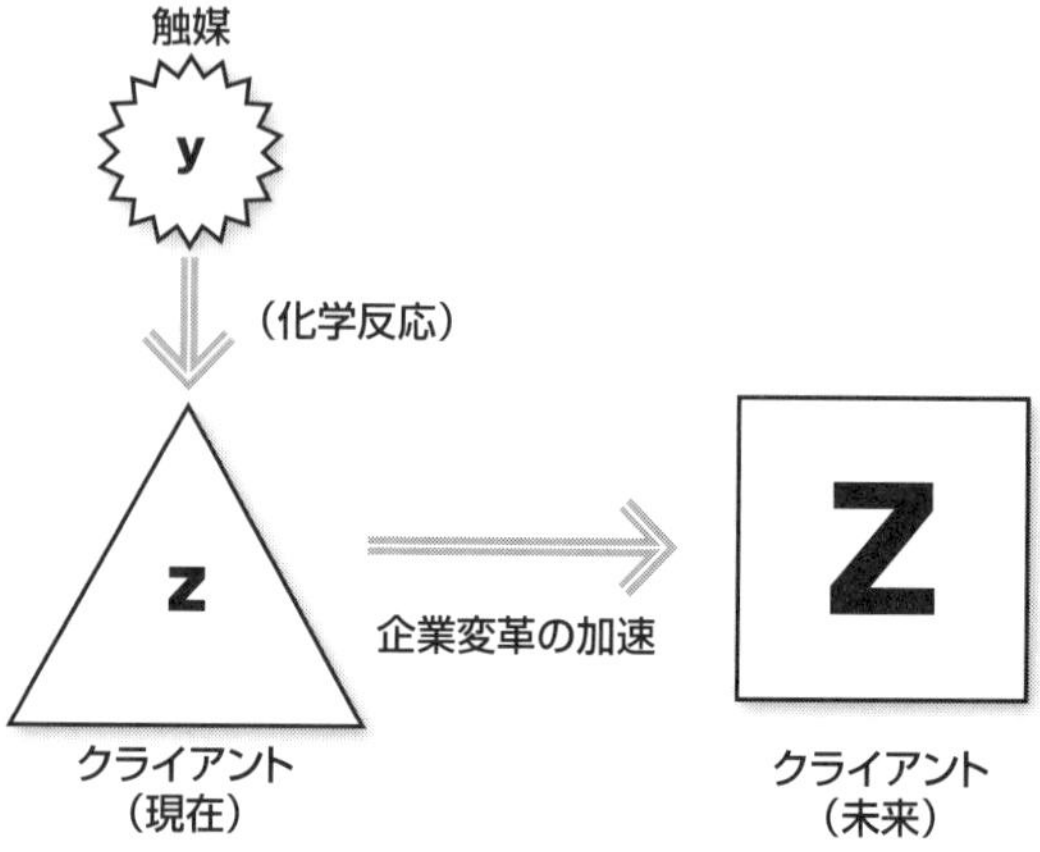

である。

依頼を受けたクライアントの中に交じり込みながらも同化することはせず、「化学反応」を起こし、変化を加速させ、変革の実現をお手伝いするのが私たちの仕事だ。

「z」という現在のクライアントが、「y」という「触媒」を加えることによって、「Z」というより良い企業へと変身する。それが私たちのミッションだ［図表0◆1］。

もちろん、企業変革は社外などに頼らず、内部だけで進めるべきだという意見もあるだろう。実際、コンサルタントなど使わずに自己変革している会社はいくらでもある。

しかし、内部だけで進める変革にはリスクもある。

ともすると内輪の論理に陥り、客観性、合理性に欠けたり、世の中の変化を見誤ったり、議論が収束せず、無用に時間がかかることもある。

誤った合理性に執着することほど不合理なことはない。にもかかわらず、多くの会社は「自分たちは合理的にやっている」と思い込み、自前主義から脱却できないでいる。

そんなときこそ、私たちの出番である。

独立した客観的な立場で、企業変革をお手伝いし、変革を実現させる。「触媒」が加わることによって、真の合理性が担保され、変革を正しい方向へと導き、加速することが可能となるのだ。

「アウトサイダー」という立ち位置こそ強みの源泉
――欧米ではコンサルタントを使うのが常識

日本においても、大企業を中心に戦略コンサルタントを起用するケースは間違いなく増えている。

とはいえ、米国や欧州に比べれば、その市場規模はまだまだ小さい。米国の戦略コンサルティングの市場規模は日本の10倍以上である。

ローランド・ベルガー発祥の地であるドイツにおいても、企業変革の際には戦略コンサルタントを起用するのは常識であり、当たり前のことである。

むしろ、独立した立場で客観的な助言をする外部のサポートがなければ、企業変革を合理的に進めることはできないと考えている。過去の成功体験に染まった人たちが、自らを否定するのは難しい。

戦略コンサルタントは「アウトサイダー」である。

社内の力学や過去の常識に染まらず、何のしがらみもない「部外者」だからこそ、「インサイダー」ではなかなか言えないこともズバッと指摘できる。「アウトサイダー」という立ち位置こそが、私たちの強みの源泉である。

「ダイナミック・トランスフォーメーション」を加速する起爆剤に——地味で小さな存在だが「決定的な仕事」をする

トヨタ自動車の豊田章男社長は、日本企業が置かれた現状を「海図なき戦い」と表現する。過去の延長線上にはない不連続の環境の中で、新たな成長シナリオを描き、実現しなければならない。

昨今、「デジタル・トランスフォーメーション（DX）」という言葉が盛んに使われる。「デジタル化の推進で会社を生まれ変わらせる」という取り組みだが、私は同じ「DX」でも「ダイナミック・トランスフォーメーション」が必要だと主張している。

デジタルは所詮「道具」（ツール）にすぎない。デジタルを武器にしながら、大胆かつダイナミックに会社を変身させることができなければ、日本企業に未来はない。

にもかかわらず、ほとんどの日本企業の取り組みは、表面的、部分的、小手先、小出しの域を出ておらず、とても「ダイナミック」とは呼べない。

10年、20年先を見据えた大胆な事業の入れ替え、大きな権限委譲を伴ったイノベーション組織の切り出し、まったく新しい業務プロセスの設計・構築、未来志向にもとづく人材戦略の見直しなど、過去を思い切って否定し、未来の創造へとダイナミックに舵を切らなければ、日本企業の再生、復活はありえない。

そんな重大な局面で、同質的な内部の人間（インサイダー）だけで議論を繰り返しても埒《らち》はあかない。変身するチャンスを逃し、負け組へと転落するだけだ。

いまこそ、独立性、中立性、客観性が担保された「アウトサイダー」の視点や発想が必要なのである。日本企業は「ダイナミック・トランスフォーメーション」を加速する起爆剤として、もっと上手に「触媒」を活用すべきだと私は思っている。

にもかかわらず、戦略コンサルタントは正当な評価がされにくい。きわめて重大な役割を担っているわりには、どんな価値があるのかが外からは見えにくい。

しかも、ひとたび変化が起きてしまえば、「触媒」はもう用はなくなる。「触媒」は地味で、せつない存在でもある。

感情が爆発するような高揚感やほとばしるリアルな達成感を求める人には、この仕事は向かない。

しかし、「触媒」が存在しなければ、「化学反応」が起きなかったり、変革が加速しないのもまた事実なのである。

地味で小さな存在だが、必要なときに「決定的な仕事」をする。それこそが「一流の触媒」である。

どうすれば「一流の触媒」になれるのかを解明する
――「頭の知性(IQ)」×「心の知性(EQ)」×「プロフェッショナル・マインド」

それでは、どうすれば「一流の触媒」になれるのか。個人的な30年の経験をもとに、それを解明するのが本書の目的である。

結論を先に述べれば、「一流の触媒」になるには、次の3つの要素が不可欠である。

「頭の知性(IQ)」×「心の知性(EQ)」×「プロフェッショナル・マインド」

口幅ったい言い方だが、戦略コンサルタントは「知性」(intelligence)で勝負する職業だと私は思っている。「触媒」としてクライアントの変革を実現するお手伝いを遂行するには、並外れた知的タフネスが求められる。

しかし、ここでいう「知性」とは、「頭の知性」、つまりIQ(頭の知能指数、rational intelligence quotient)だけを指すわけではない。

IQと同等以上に大事なのが、「心の知性」、つまりEQ(心の知能指数、emotional

intelligence quotient）である。

「一流の触媒」として機能するためは、理路整然としたことを言い放つだけでなく、クライアントの心を開かせ、その心に訴えかける力が必要である。「心の知性」が伴わなければ、「触媒」の仕事は果たしえない。

一般的には、戦略コンサルタントという職業は、「ＩＱを駆使する仕事」だと思われている。分析力、論理思考力、洞察力、地頭力など頭の回転のよさ、左脳的知性で勝負する仕事だと思っている人が多い。

実際、現役コンサルタントや元コンサルタントが執筆したコンサルタント的思考法や分析スキルの高め方など、思考のテクニックを語る本は山ほど出版されている。

それらの本はＩＱを補助するための一助にはなるかもしれない。しかし、現実を見れば、力ずくでロジックを押しつけたところで、クライアントがそれを受容しなければ、「触媒」の仕事は果たしえない。

「心の知性」を磨き、クライアントの感覚や感情に敏感でなければ、クライアントをその気にさせ、変革へ向かわせることなど「絵に描いた餅」である。

「頭の知性」「心の知性」の基盤となるのが「プロとしての自覚」

近年は大企業を中心に人材教育に力を入れており、日本企業においてもＭＢＡ（経営学修士）を取得した社員も増えている。戦略コンサルタント的な発想法やスキルを身につけた有能なビジネスパーソンはいくらでもいる。

ロジカル・シンキングや分析力を駆使するだけで付加価値をつけることができた時代はもう終わった。

「戦略コンサルタントの付加価値とは何か」を根本から問い直さなければならないときを迎えていると私は強く感じている。

戦略コンサルタントは、学者や研究者でもなければ、評論家でもない。

どんなにもっともらしいことを言おうが、クライアントがその気になり、変革に向かおうとしなければ、その仕事は明らかに「失敗」である。

頭と心という二つの「知性」をフル活用しなければ、「触媒」としていい仕事はできない。そして、それを支える基盤となるのが、「プロフェッショナル・マインド」である。日本語でいえば、「プロとしての自覚」だ。

私たちは「変革のプロ」である。どんなに困難な状況であっても、絶対にクライアントを成功に導き、結果を出すことが私たちのミッションである。

そうしたプロフェッショナルとしての覚悟、意識、プライドこそが、この仕事をまっとうするためには決定的に大事であり、「触媒」の矜持《きょうじ》でもある。

「頭の知性（ＩＱ）」と「心の知性（ＥＱ）」と「プロフェッショナル・マインド」。

この３つの要素が合体して、はじめて「一流の触媒」は誕生する。

それが、30年間この仕事をやりつづけてきた私の結論である。

戦略コンサルタントについて出版された本の多くは、思考法やスキルなどIQに関するテーマがほとんどである。しかし、それだけでは、この仕事の本質は語れない。

「触媒」という仕事の歴史や私自身のキャリアも含め、その全体像を俯瞰的に見つめ直し、この仕事で成功するために真に必要なものとは何かを包括的に解明する。

それこそが、この本を書こうとした私の動機である。

本書は「戦略コンサル論」であり「プロフェッショナル論」でもある
――日本のビジネス社会にも「プロフェッショナルの時代」がやってくる

本書は2部構成である。最初に、本書の基本的な骨格を説明しておきたい［図表0◆2］。

第Ⅰ部では、「戦略コンサルタントの価値とは何か」をあらためて問い直してみようと思う。

そのために、戦略コンサルタントという職業がどのようにして誕生したのか、その130年の歴史をあらためて辿るとともに、私自身の30年のキャリアについても振り返ってみたい。

そのうえで、この仕事の本質とは何かについて考察する。

「触媒」とはいったい何か、そして「触媒」としての仕事をするうえで私がこだわって

図表0◆2 本書の全体像

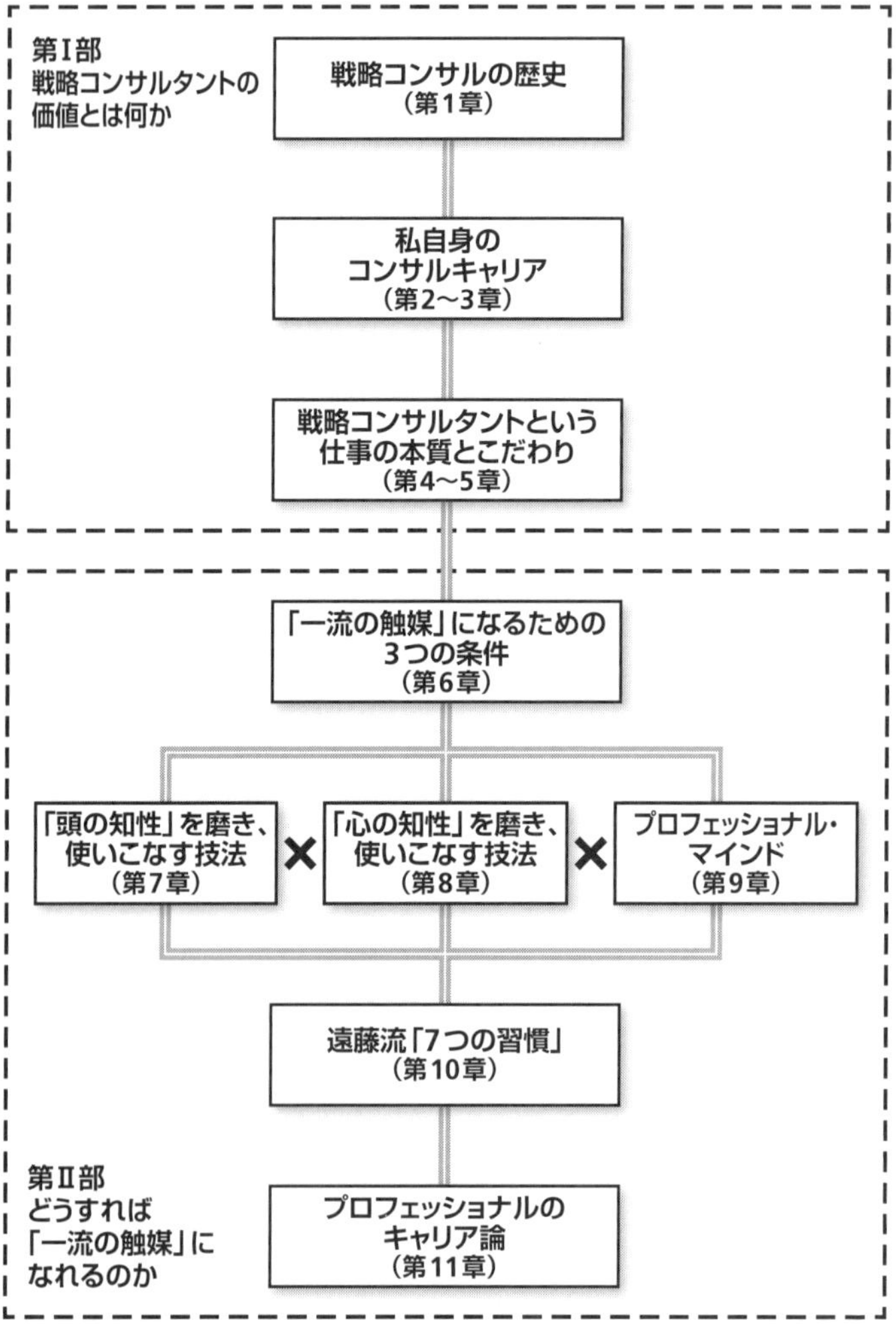
第Ⅰ部
戦略コンサルタントの価値とは何か
戦略コンサルの歴史
（第1章）
私自身の
コンサルキャリア
（第2〜3章）
戦略コンサルタントという
仕事の本質とこだわり
（第4〜5章）
「一流の触媒」になるための
3つの条件
（第6章）
「頭の知性」を磨き、
使いこなす技法
（第7章）
×
「心の知性」を磨き、
使いこなす技法
（第8章）
×
プロフェッショナル・
マインド
（第9章）
遠藤流「7つの習慣」
（第10章）
第Ⅱ部
どうすれば
「一流の触媒」に
なれるのか
プロフェッショナルの
キャリア論
（第11章）

きたことについても言及する。

第Ⅱ部では、「どうすれば『一流の触媒』になれるのか」を、具体的な事例を交えながら考察したい。「『頭の知性（ＩＱ）』×『心の知性（ＥＱ）』×『プロフェッショナル・マインド』」という成功の方程式を解説するとともに、それぞれの要素の磨き方、活かし方についても、可能な限り具体的に解き明かしたい。

戦略コンサルタントという仕事は厳格な守秘義務のもとで成り立っているので、私が関与したプロジェクトを、具体名をあげて語ることはできない。

しかし、それではリアリティを伝えられないので、可能な限り具体的な内容を紹介したいと思っている。

さらには、戦略コンサルタントとして身につけるべき7つの習慣、そしてこれからの時代に求められるキャリアの考え方についても、私なりの意見を述べたい。

また、巻末には一流の戦略コンサルタントを目指す人のための「必読の10冊」を参考情報として紹介する。

どれも日本人コンサルタントが著したものであり、私自身が大いに啓発された書籍である。なかには年代的に古いものもあるが、内容的には色褪せることのない名著ばかりである。

私は日本のビジネス社会においても「プロフェッショナルの時代」が間違いなくやって

くると思っている。

そうなれば、「『頭の知性（ＩＱ）』×『心の知性（ＥＱ）』×『プロフェッショナル・マインド』」という成功の方程式は、もはや戦略コンサルタントという仕事に限定するものではなくなってくる。

ビジネスにおいて成功を望むビジネスパーソンは、すべからくプロフェッショナルを目指さなければならない。その背景やこれから起きてくる変化についても考察したい。

本書は私の実体験を踏まえた「戦略コンサル論」である。そして同時に、プロとは何かを語る「プロフェッショナル論」でもある。

戦略コンサルタントという職業に興味をもっている人だけに限らず、プロフェッショナルを目指す人たちに読んでいただければ、著者として望外の喜びである。

はじめに——003

目次

4 「頭の知性」を磨くための5つのヒント

3 「心に響く」とはどういうことか

第Ⅱ部 エッセンス

第I部

戦略コンサルタントの価値とは何か

第1章

まずは戦略コンサルタントの歴史を振り返る

1 戦略コンサルタントという仕事のはじまり

世界最古のコンサルティング会社「アーサー・D・リトル」（ADL）

戦略コンサルタントとは何者なのかという私なりの「戦略コンサル論」を語るためには、戦略コンサルタントという職業の生い立ちや歴史を知ることにもそれなりの意味があるだろう。

元マッキンゼーのコンサルタントだった並木裕太氏の『コンサル一〇〇年史』を参考にしながら、私自身の経験も重ね合わせてみたい[1]。

多くの新しい産業がそうであるように、戦略コンサルタントという仕事も米国で生まれている。

現在、世界的な戦略コンサルティングファームとして名前が挙がるのはマッキンゼーとBCGの2社だが、じつはこの2社はこの業界の先駆けではない。

「世界最古のコンサルティング会社」として知られているのは、「アーサー・D・リトル」（ADL）である。

ADLは、いまから遡ること130年以上前の1886年に産声を上げた。

マサチューセッツ工科大学（MIT）の研究者で、酢酸塩発見者でもあるリトル博士が、化学者のロジャー・グリフィンと組み、「グリフィン&リトル」を立ち上げた。当時のオフィスは、MITのキャンパス内にあった。

その後、グリフィンが実験室での爆発事故で亡くなり、1909年ADLに改称した。

ADLは技術開発、研究開発の委託研究を中心に活動を始めた。いまでも技術を軸にしたコンサルティングや知的財産マネジメントなどに定評がある。

Ⅴ ADLと並ぶ古株「ブーズ&カンパニー」（現「ストラテジーアンド」）

ADLと並ぶ古株の戦略コンサルティングファームが「ブーズ&カンパニー」である。

シカゴ郊外のノースウェスタン大学で経済学や心理学を学んだエドウィン・ブーズが、1914年に26歳の若さで経営コンサルティングの会社を立ち上げた。

1930年ごろ、ジェームズ・アレンとカール・ハミルトンの二人が加わり、会社名も3人の名前を連ねた「ブーズ・アレン・ハミルトン」（BAH）と改称された。

BAHは政府機関や公共機関へのコンサルティングに圧倒的な強みをもっている。とくに、ペンタゴンの通称で知られる国防総省に深く入り込み、米国の国策にも関与している。

2008年、BAHは米国政府に対するコンサルティングに特化するファームとなり、民間企業に対するコンサルティング部門は「ブーズ&カンパニー」として切り離された。

さらに、ブーズ&カンパニーは2014年にプライスウォーターハウスクーパース（PwC）と経営統合し、「ストラテジーアンド」に改称している。

BAHのパートナーに就任した際、私はワシントンDCにほど近いバージニア州マクリーンにある本社で新任研修を受けた。

研修の内容はまったく覚えていないが、古株のパートナーたちが次々に登場してBAHの「レジェンド」（伝説、伝統）を熱く語るセッションは強く印象に残っている。

それまで私が在籍していたBCGやアンダーセン・コンサルティングは、歴史や伝統よりも未来や自由を尊ぶ社風だった。

BAHのパートナーたちは「老舗の誇り」をとても大切にしており、「同じ米国の戦略コンサルティングファームでもこれほど社風が違うのか」と驚いた。

「マッキンゼー」と「ベイン&カンパニー」の誕生

世界的な戦略コンサルティングファームとしてまず最初に名前が挙がる「マッキンゼー&カンパニー」は、1926年、ジェームズ・O・マッキンゼーによってシカゴで産声を上げた。

立ち上げ時の社名は「アカウンタンツ・アンド・マネジメント・エンジニアリング・ファーム」（A&MEファーム）だった。

設立から3年後の1929年にA・トム・カーニーが最初のパートナーとして参画するが、その後、カーニーは分離独立し、A・T・カーニーを設立する。

マッキンゼーと並び称されるBCGの設立は1963年であり、ほかの戦略コンサルティング会社と比べると遅い。ADLに勤めていたブルース・ヘンダーソンがスピンアウトし、ボストンでBCGを立ち上げた。

私がBCGに入社した当時、ヘンダーソンはすでに第一線から退いていたが、社内では大きな尊敬を集める存在だった。

ヘンダーソンは設立からわずか3年後の1966年に東京に事務所を開設した。マッキンゼーが東京事務所を開設したのは1971年だから、その先見の明には驚かされる。

BCG東京事務所の代表に就任したのが、ジェームズ・アベグレンである。

アベグレンは「終身雇用」「年功序列」「企業内組合」など日本独自の経営方式を「日本的経営」と位置付け、その著書『日本の経営』（日本経済新聞社）はベストセラーとなった。[2]

そのBCGからスピンアウトしたビル・ベインらが1973年に設立したのが「ベイン&カンパニー」である。

ベインは「ひとつの産業ではひとつのクライアントのためにしか働かない」という「一業種一社主義」を打ち出すなど、独自の差別化路線を打ち出している。

戦略コンサルの名門「M＋3B」
――「M（マッキンゼー）」＋「3B（BAH、BCG、そしてベイン）」

私がBCGに勤めていたころには、名門戦略コンサルティングファーム4社を「M＋3B」と呼んでいた。「M」はマッキンゼー、「3B」はBAH、BCG、そしてベインである。

こうして米国系の戦略コンサルティングファームの系譜を辿ると、ADLを原点として次々と新たな会社が派生的に生まれていることに気づく［図表1◆1］。

米国という国に根付くダイナミックな起業家精神は、コンサルティングという業界にも息づいている。

米国で戦略コンサルティングファームが生まれた背景

1920年代に数多くの戦略コンサルティングファームが米国で誕生したのには、それなりの時代背景がある。

まず、米国に巨大企業が生まれはじめたことである。

スタンダード・オイルを創業し、石油市場を独占したジョン・ロックフェラー、鉄鋼会

図表1◆1　主な戦略コンサルティングファームの変遷

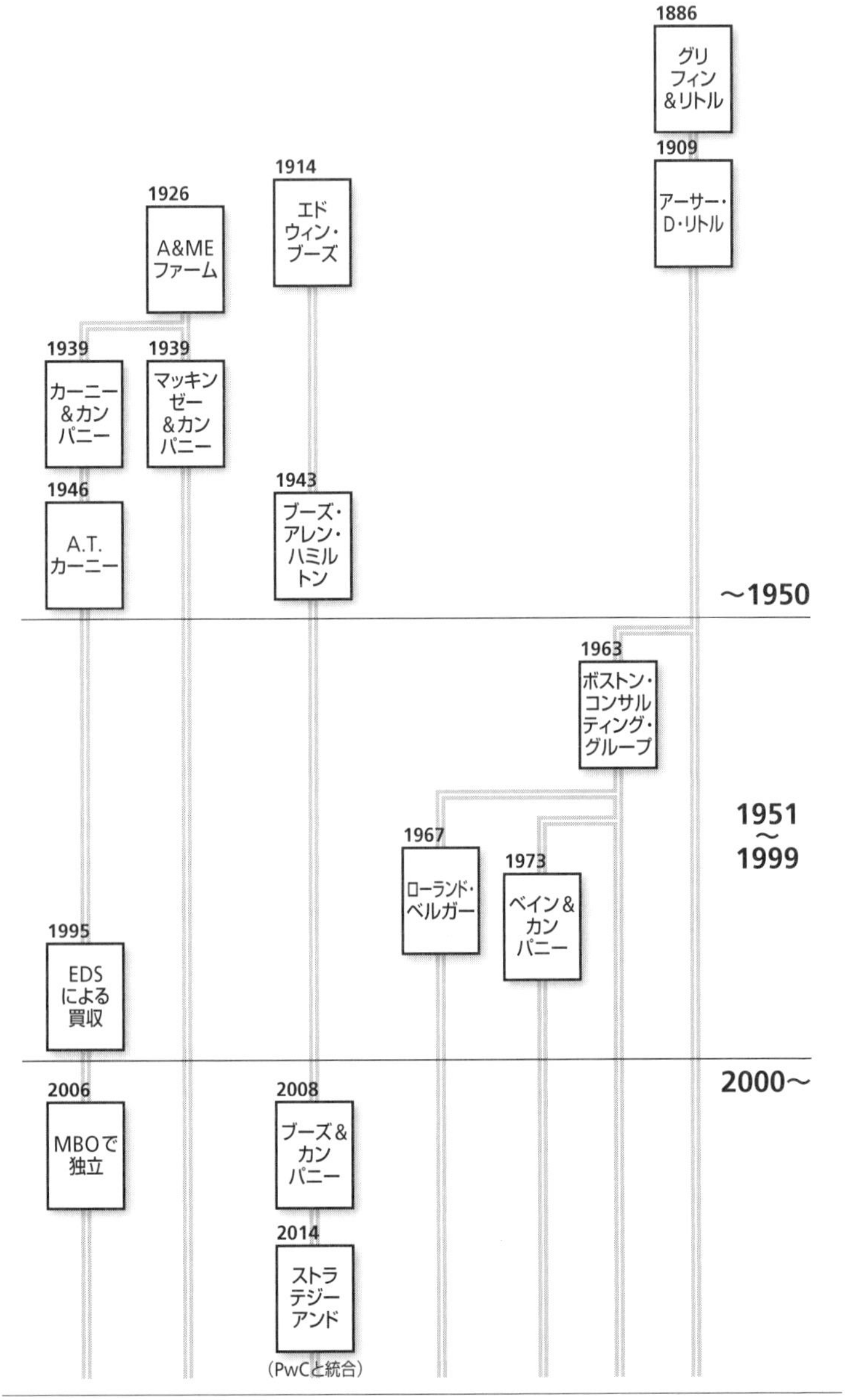
1886
グリフィン&リトル
1909
アーサー・D・リトル
1914
エドウィン・ブーズ
1926
A&MEファーム
1939
カーニー&カンパニー
1939
マッキンゼー&カンパニー
1946
A.T.カーニー
1943
ブーズ・アレン・ハミルトン
〜1950
1963
ボストン・コンサルティング・グループ
1951〜1999
1967
ローランド・ベルガー
1973
ベイン&カンパニー
1995
EDSによる買収
2000〜
2006
MBOで独立
2008
ブーズ&カンパニー
2014
ストラテジーアンド
（PwCと統合）

社を興し、成功を収め「鋼鉄王」と称されたアンドリュー・カーネギーなど、卓越した実業家が登場し、米国は大企業の時代に入りつつあった。

そうした大企業は企業合併を繰り返し、経営の複雑性、難易度ははるかに高まり、高度なマネジメントが求められるようになった。

そうしたニーズに呼応するかのように、米国ではマネジメント教育が普及していった。1921年にハーバード大学が2年間のMBAプログラムを開設した。それ以降、有力大学はこぞってビジネススクールを開講し、経営人材の育成に力を注いだ。

こうしてニーズとシーズが重なり合い、経営コンサルティングという新たなサービスが形成されていった。

また、1929年の大恐慌をきっかけに、それまで経営アドバイスを行っていた会計事務所や銀行、弁護士らが経営コンサルティング業務を行うことを禁止する新たな連邦証券法が制定されたのも、戦略コンサルティングファームにとっては追い風となった。

利益相反に陥りかねず、中立性に疑問符がつけられる会計士や銀行に代わって、独立性が担保された戦略コンサルティングファームが、大手企業の経営アドバイザーの仕事を担うようになっていったのである。

❺ 欧州を起源とする「ローランド・ベルガー」の誕生

戦略コンサルティングファームといえば米国系が圧倒的に多いが、その中で異彩を放つのが、欧州のドイツを起源とするローランド・ベルガー（RB）だ。

創生期のBCGでコンサルタントをしていたローランド・ベルガーがミュンヘンに戻り、1967年にたったひとりで立ち上げた。

当時、ベルガーは29歳だった。

ローランド・ベルガーは米国的な資本の論理だけでなく、持続的な成長、長期的な繁栄、株主だけでなく従業員などほかのステークホルダーの重視といった欧州的価値観にもとづくコンサルティングに特徴がある。

たったひとりで立ち上げた小さな会社は、その後、ドイツのみならず欧州全域へと拡大していった。

さらに、中南米、アジアへと展開を加速し、いまでは世界有数の戦略コンサルティングファームとなった。日本には1991年に進出している。

ベルガーは、ドイツのみならずEU経済圏で最も影響力をもつビジネスパーソンのひとりとして知られている。

ドイツのシュレーダー政権時には、経済担当大臣への就任を要請された。ファームのグローバル化に情熱を注いでいたベルガーはその要請は固辞したが、7年にわたってアドバイザーとしてシュレーダー首相を支えた。

私は2000年に同社の日本法人社長になったが、各国の文化や歴史の違いを尊重し、それぞれの国に自治権を与えながら、共に成長を目指すという欧州的な価値観にもとづく経営のあり方にとても共感している。

◆ 多くのファームに「創業者の名前」が冠されている理由

興味深いのは、多くの戦略コンサルティングファームには創業者の名前が冠されていることだ。

世界最古であるADLをはじめ、BAH、マッキンゼー、ベインなど、そのほとんどが創業者の個人名を社名にしている。

ローランド・ベルガーも創業者の名前がそのまま社名になっている。例外はBCGくらいのものだろう。

このことは、戦略コンサルタントという職業の基本はあくまでも「個人」であり、「プロフェッショナル」と呼ぶにふさわしい卓越した個人が提供するサービスであることを物語っている。

創業者が亡くなったあと、マッキンゼーの経営を担い、成長の礎を築いたマービン・バウワーはこう語っている。[3]

「マッキンゼーは『会社（company）』ではなく、『プロフェッショナル・ファーム（professional firm）』である」

この言葉にこそ、戦略コンサルタントとは何かを示す本質が語られている。

もちろん現在では、個人の力だけに頼っていたのでは、卓越した質の高いコンサルティングサービスは提供できない。

クライアント企業はグローバル化し、経営も高度化、複雑化している。そうしたニーズに応えるためには、優れた個人がチームを組み、さらにはグローバルネットワークを駆使しなければ、難易度の高い経営課題を抱えるクライアントに良質なサービスを提供することは不可能である。

とはいえ、戦略コンサルタントの原点を辿れば、あくまでも高度専門性を備えた「個人」であることに変わりはない。

たとえ組織が成長し、グローバル化しようと、そこで働く一人ひとりは「プロフェッショナル」でなくては、この仕事は成立しない。

2 会計事務所系、ＩＴ系コンサルの台頭

「アンダーセン・コンサルティング」の台頭

経営コンサルティングサービスを提供しているのは、戦略コンサルティングファームだけではない。その代表格が会計事務所である。

第二次世界大戦後、アーサー・アンダーセン、アーサー・ヤングを筆頭にした「ＢＩＧ８」と呼ばれた大手会計事務所は、本業である会計監査とは別に、コンサルティング部門をすでに抱えていた。

当初は経営課題に対するコンサルティングではなく、税務や法務に対するアドバイスが中心だったが、徐々にそのサービス領域を広げていった。

とりわけ給与計算や会計処理のシステム化が進む中で、ＩＴ分野への参入に積極的だった。そして、ＩＢＭなどシステムコンサルティングに強い企業と競い合うようになった。なかでも、コンサルティング部門の強化に熱心だったのは、「アーサー・アンダーセン」だった。

１９８９年には「アンダーセン・コンサルティング」（ＡＣ）として分社化され、会計監

査業務はアーサー・アンダーセンが、そしてコンサルティング業務はACが行うという棲み分けが明確化された。

私がACに入社したのは、分社化された3年後の1992年である。

ACは情報システム分野に強みをもっていたが、戦略策定から業務改革、組織、人材まですべてのサービスを総合的に提供する「ビジネス・インテグレーション」（BI）を打ち出し、従来のブティック型戦略コンサルティングファームとは異なるビジネスモデルを構築しようとしていた。

「ブティック型」とは経営トップが直接関与する企業変革支援に特化する少数精鋭のファームのことである。マッキンゼーやBCG、ローランド・ベルガーなどがその主たるプレイヤーである。

それに対し、ACは支援領域を広げ、「百貨店型、総合型」のメガ・ファームを目指そうとしたのだ。

2001年、ACは社名を「アクセンチュア」へと変えた。

これはアーサー・アンダーセンが分社時の合意に反してコンサルティング部門を立ち上げたことに反発し、両社の関係が悪化したことが原因である。

アーサー・アンダーセンにとっては、当初の合意を破ってでも再参入するほど、コンサルティング市場は魅力的なものだったのだ。

その後、アーサー・アンダーセンは、エンロン社による粉飾決算事件によって廃業することになる。

一方、社名を変更したアクセンチュアは株式を上場し、ITを軸とした巨大なサービス事業者へと成長していく。

▼ITコンサルティング拡大のきっかけ

1990年代に入ると、ITを活用した業務改革などのコンサルティングサービスが急拡大しはじめた。

そのきっかけとなったのが、「BPR」(ビジネス・プロセス・リエンジニアリング)である。「BPR」とは、縦割り組織の弊害による効率性や生産性の低下を解決するために、「業務の流れ」(業務フロー)に着目し、ビジネスプロセスを整流化、最適化する取り組みのことである。

この考え方はMIT教授だったマイケル・ハマーと経営コンサルタントのジェイムズ・チャンピーが1993年に出版した本によって、瞬く間に世界中に広まった。[4]

「BPR」を推進するには、ITの活用が不可欠である。

そこで、アクセンチュアやIBMなどシステムコンサルティングを得意とする企業が、いっきに勢力を拡大した。

私がアンダーセン・コンサルティング(AC)に参画した直後、「BPRブーム」は日本にも訪れた。日本の大手企業はこぞって「BPR」を展開し、ITに強みがあるACは引っ張りだこだった。

そうした流れの中で、マッキンゼーがIT分野の強化に乗り出したり、A・T・カーニーが1995年にEDS（エレクトロニック・データ・システムズ、現在はヒューレット・パッカードに買収されている）の傘下に入るなど、戦略コンサルティングファームも対応を迫られた。

昨今、「デジタル・トランスフォーメーション」の必要性が叫ばれる中で、ITやデジタル分野での専門性は、戦略コンサルティングファームにとっても必須になっている。

Ⅴ 会計事務所系が小粒のファームを飲み込む

アーサー・アンダーセンから分離独立したアクセンチュアが勢力を拡大する一方で、ほかの会計事務所系はエンロン事件以降、コンサルティングという仕事から遠ざかるようになっていった。

独立性が求められる会計監査という仕事に関わるファームが、戦略策定など経営の根幹に関わるコンサルティングを提供することは不適切だと認識されるようになったからである。

しかし、2008年のリーマン・ショックを境に、会計事務所系は再度コンサルティング業務の強化に動きはじめた。

アーンスト&ヤング（EY）、デロイト・トウシュ・トーマツ（DTT）、KPMG、プライスウォーターハウスクーパース（PwC）の4社へと再編された4大会計事務所である「BIG4」はその潤沢な資金力をもとに、比較的小粒のコンサルティングファームを片っ端から買収し、傘下に収めるという荒業を繰り広げた。

2012年にはEYが9社、デロイトが17社、KPMGが10社、そしてPwCが7社を買収している。まさに「大が小を飲み込む」という構図だ。

その中には、名門と呼ばれる戦略コンサルティングファームも含まれている。

たとえば、1983年にハーバード・ビジネス・スクールの教授陣らによって設立された「モニター」は、2012年に破産を申請、2013年にデロイトに買収された。

さらには、戦略コンサルティングファームの源流のひとつであるブーズ・アレン・ハミルトン（BAH）から派生した「ブーズ&カンパニー」は、2014年にPwCと経営統合し、ストラテジーアンドに改称した。

経営コンサルティング業界で生き残るには、サービスの多様化、グローバル化に対応するために、規模の追求が不可欠だという論調もある。

しかし、巨大なメガ・ファームが誕生する一方で、マッキンゼーやBCG、ベイン、そしてローランド・ベルガーなどは「ブティック型」のプロフェッショナルファームとして確固とした存在感を保っている。

第2章

私のコンサルティングキャリア（その1）

——BCG、AC、BAHで私が学んだこと

1 BCGで「本物」のコンサルタントを知る

きっかけは1冊の本との出会い

第1章では約130年にわたる戦略コンサルティングファームの歴史を駆け足で見てきた。

こうやって歴史をひも解いてみると、私自身もこうした大きな流れに多大な影響を受けながら、30年のキャリアを歩んできたことにあらためて気がつく。

本章と次章では、私自身がその時々で何を考え、どのようなキャリアを選択してきたのかを振り返ってみたい。

自らが何を考え、何をしてきたのかを遡ることで、戦略コンサルタントという仕事の価値や役割の変化が見えてくるかもしれない。

まず本章では、ボストン・コンサルティング・グループ（BCG）、アンダーセン・コンサルティング（AC）、ブーズ・アレン・ハミルトン（BAH）の3社で過ごした10年間を振り返ってみたい。

私は1988年にBCGに入社し、戦略コンサルタントの道を歩みはじめた。

そのきっかけは1冊の本だった。

「コンサルタントになれば、会社を変えるお手伝いができるかもしれない」

企業派遣で米国のビジネススクールに留学させてもらい、本社に帰任した私は悶々とする日々を過ごしていた。

海外事業部で米国事業を担当していたが、当時の日本企業にとってなにより大事なのは日本市場であり、海外は「おまけ」にすぎなかった。私は海外でのビジネスに及び腰の工場や弱腰の上司に大きな不満を抱いていた。

しかし、30歳を過ぎたばかりの若造にできることなど限られていた。

そんなとき、堀紘一さんの『変われ日本人　甦れ企業』（講談社）という本に出会い、貪るように読んだ[1]。

そこには、私自身が漠然と感じていた「日本企業の課題と解決の道筋」が理路整然と語られていた。

「若造の私がこのまま会社にいても、会社を変えることなどできない。でも、コンサルタントになれば、若くても外部から会社を変えるお手伝いをすることができるかもしれない」

私は戦略コンサルタントという仕事に大きな興味を抱いた。

とはいえ、当初は自分が戦略コンサルタントになるなんて露ほども思っていなかった。会社にはお世話になった人たちが数多くいる。恩返しもせずに、そんな人たちを裏切るようなことはできない。

さらにいえば、BCGに入社できるような人は、ほんのわずかなエリートのみ。私にそんなチャンスがあるとも思えなかった。

しかし、ある人の紹介で「BCGが人を探しているので、会ってみないか」という話が舞い込んできた。

ダメもとで受けてみようと、面接に出向いたところ、トントン拍子で話が進み、採用が決まってしまった。

絶妙のタイミングでBCGに入社する

あとから振り返れば、私は絶妙のタイミングでBCGと出会っていた。

というのは、私が面接を受けていた1987年の前年に、BCGのコンサルタント10名がスピンアウトし、「コーポレイトディレクション」という会社を設立していたのだ。

BCGは、即戦力となる中途採用のコンサルタントを積極的に補充する必要に迫られていた。

私と同時期に採用されたコンサルタントは、錚々《そうそう》たる顔ぶれだった。

そのほとんどは東大の理科系を卒業し、一流企業に勤務する有能なエンジニア。しかもスタンフォードやハーバードへの留学経験ももっていた。

私学出身で、ビジネススクールを卒業しているとはいえ、トップスクールではない私は、本来なら選考の対象から外されてもおかしくない。

しかし、当時BCGで採用を担当されていた井上猛さんが熱心に私を推してくれていたことを、あとから知った。

東大出の優秀なエンジニア経験者ばかりが居並ぶ中で、営業やマーケティングをやってきた私みたいなキャリアの人間も必要だと井上さんは考えてくれたのだ。

さまざまなご縁とタイミングが重なって、私は戦略コンサルタントという道を歩むことになった。

そのとき、私は32歳だった。

▼ 忘れられない言葉「証明しろ(Prove it!)」

BCGでは、さまざまな戦略策定プロジェクトに携わった。

とはいえ、当初は日本企業の変革プロジェクトではなく、外資系の金融機関、食品会社などから依頼された小粒のプロジェクトばかりだった。

私のように中途採用されたコンサルタントたちの多くは、日本企業の全社変革プロジェクトに携わりたいと思っていた。有名な大手日本企業を相手に戦略コンサルタントとしての腕を磨きたい、力を発揮したいと思うのは当然のことだ。

私ももちろんそう思っていたが、その一方で、井上さんには「どんなプロジェクトでもやります」と伝えていた。

駆け出しのコンサルタントである私にとっては、どんなプロジェクトでも勉強になる。とりわけ外資系のクライアントはロジック重視で、ファクトの収集や分析スキルが必須である。戦略コンサルタントとしての基礎力を磨くには、うってつけのプロジェクトなのだ。

忘れられない印象的なプロジェクトがある。

ある外資系メーカーの日本市場参入の検討を行うプロジェクトだった。

日本市場は流通構造が複雑かつ閉鎖的で、それが外資系企業にとっては大きな参入障壁になっていた。

私はそれを理由にその会社が日本に参入するのは難しいと考えていたが、それを米国人のパートナー（共同経営者）に説明しても、まったく理解してもらえない。

彼は頑なに「参入が困難だというのなら、それを証明しろ（Prove it!）」と言う。日本企業は長い付き合いを大事にするので、新しいプレイヤーにはノー・チャンスなのだと語っても納得しない。

日本人相手であれば、商慣習や人間関係という曖昧かつ感覚的な言葉だけで、事足りるかもしれない。

しかし、そうした背景を理解していない人たちを納得させるためには、丹念に「事実」を積み重ね、「ロジック」を組み立て、自分の意見の正当性を理詰めで「証明」しなければならない。

これこそがサラリーマンとコンサルタントの違いを生み出す源だと私は悟った。

私にとって「Prove it!」は忘れられない言葉になった。

「Up or Out」の世界で生き残る
――生き残るためには、結果を出し、早く昇進するしかない

当時のBCGでは、コンサルタントは2つのプロジェクトを同時に受け持つのが普通だった。

いまから思えば大変な負荷だが、当時はそれが当たり前だった。たしかに負荷は2倍かかるが、経験値を高めるスピードも2倍になる。

当時、BCGのコンサルタントの間では「1勝1分け」という言葉がささやかれていた。「1勝」というのは、プロジェクトで明確な付加価値をつけること。そして「1分け」とは、明確な付加価値とはいえないものの、無難に仕事をこなすことを意味する。

もちろんコンサルタントとしては「2勝」が理想だが、それは簡単なことではない。それならば、自分の得意な業界やテーマで「1勝」を確保し、もうひとつのプロジェクトでは「負けない」ような仕事をする。これが生き残るための鉄則だった。

戦略コンサルタントの世界は「Up or Out」と呼ばれる。

「生き残るためには、結果を出し、早く昇進するしかない。さもなくば、会社を去れ」という意味である。

中途入社組のコンサルタントに与えられた猶予期間は、約2年。

2年で結果を出し、プロジェクト・マネージャーに昇進できなければ、コンサルタントとしては不適格という烙印を押されてしまう。

だから、プロジェクトにおける「負け」は致命的である。

負けそうなプロジェクトであっても、なんとか踏ん張って「引き分け」に持ち込む。そのために、みんな必死だった。

BCGに入社してからの2年間、私は人生の中で最も仕事に没頭した。毎晩、終電で帰宅し、週末も自宅やオフィスで仕事をした。プロジェクトが佳境のときは、オフィス近くの安いビジネスホテルに泊まり込んだ。

そして、BCGに入社して2年後、私はプロジェクト・マネージャーへと昇進することができた。

私の人生において、このときほど嬉しい昇進はなかった。

私と同時期に中途入社した仲間の中には、昇進できず、BCGを去った人も多かった。コンサルタントへの転身という自分の決断が間違いではなかったことを証明できたことが、私は素直に嬉しかった。

「本物のコンサルタント」との出会いが、私の生き方を決めた

プロジェクト・マネージャーに昇進してからは、大手日本企業のプロジェクトに携わることが多くなった。

そして、当時日本代表だった堀紘一さんが関わるいくつかのプロジェクトでご一緒することができた。

その体験が、その後の私の生き方を決めることになった。

戦略コンサルタントとしての堀さんは、まさしく「本物」だった。

当時、堀さんは40代半ば。10歳以上年長の大手企業の経営者に対して、ズバリと問題の本質を指摘し、真っ向勝負を挑んだ。

相手が納得せざるをえない説得力ある論理展開、骨太のメッセージ、そして巧みな話術、コミュニケーション能力……。すべてが一級品だった。

そして、相手に嫌われてもおかしくないほどの直言居士でありながら、クライアントの経営者に好かれ、堀さんの信奉者が数多くいた。

名前を挙げることはできないが、当時は中堅企業にすぎなかったが、堀さん率いるBCGからのアドバイスを受けながら、いまでは1兆円近い売上の高収益企業へと成長した会社がある。堀さんに対する社長の信頼は絶大だった。

外からでも会社を変えることができる。外だからこそ会社を変えるお手伝いができる。戦略コンサルタントという仕事の醍醐味、真のプロフェッショナルとはどういうものかを、私はこの眼で見ることができた。

とはいえ、自分の力量では堀さんの域に達することはとても無理だと私は感じていた。天と地ほどの力の差を痛感していた。

しかし、私にも意地がある。

お世話になった人たちが数多くいる会社を辞め、この仕事を選んだからには、なんとしてでもその「極み」に少しでも近づきたいとも思うようになっていた。

圧巻のプレゼン——米国大手企業のCEOも圧倒する迫力

戦略コンサルタントとしての堀さんのすごさをまざまざと見せつけられたプロジェクトがある。

それは米国の大手食品メーカーA社から依頼されたプロジェクトだった。

A社は、かつては日本市場で圧倒的な存在感を示していたが、日本勢の攻勢にあい、マーケットシェアを大きく落としていた。

その状況を好転させなければならないということで、米国本社の肝いりで日本戦略の見直しに着手した。

堀さんがクライアントパートナーで、私がプロジェクト・マネージャーを務めた。

3ヶ月ほどかけて、日本市場における競争環境や顧客の嗜好の変化などを分析し、A社への提言をとりまとめた。

最終報告会はオハイオ州にあるA社の本社で行われ、堀さんと私が出向いた。

CEOをはじめとするA社の幹部たちが居並ぶ中で、まずは私が報告書の概要を拙い英語でプレゼンした。

そして、堀さんが登場した。

そのプレゼンは圧巻だった。流暢な英語はもちろんのこと、プレゼンの際の立ち居振る舞いは、じつに堂々としていた。

堀さんの指示で用意した日本の競合相手が市場に投入した多種多様な新商品を手にとり、堀さんはこう語った。

「日本のメーカーがこれだけ努力して新商品を相次いで投入しているのに、あなたたちは日本の市場や消費者のことを理解しようともせず、昔ながらの商品にしがみつき、『売れない、売れない』と言っている。こんな状態が続くなら、撤退したほうがいい」

堀さんは、経営陣の怠慢を厳しく叱責したのである。

その迫力に、私はただただ「すごい!」と唸るしかなかった。

静かに聞き入っていたA社のCEOは、その場で堀さんにいくつか質問をした。そして、最後にBCGの提言を受け入れることを決断した。

私は「本物」のすごさを体感した。そして、コンサルタントという「アウトサイダー」の仕事の価値を心底理解した。

せっかく難関を突破して戦略コンサルティングファームに入社したのに、何年か経験しただけで、「この仕事はもうわかった。十分学んだ」といって辞めていく人も多い。

もちろんそれはそれでひとつの選択だが、戦略コンサルタントはそれほど底の浅い仕事ではないことを私は知っている。

「本物」という高みを知ったからこそ、私はこの仕事を30年も続けてこられたのだと思っている。

2 アンダーセン・コンサルティングで戦略グループを立ち上げる

戦略一辺倒から実行重視へ

プロジェクト・マネージャーに昇進して以降は、順調に実績を積み重ねていった。どんな仕事がきても、それなりの結果は出せるだろうという自信もついてきた。

その一方で、「このままでいいのだろうか?」という疑問も徐々に頭をもたげてきた。

当時のBCGは中期経営計画策定、事業戦略の見直し、新規事業戦略など、戦略策定に圧倒的な強みをもっていた。

「PPM(プロダクト・ポートフォリオ・マネジメント)マトリクス」などBCGが独自に生み出した戦略フレームワークもパワフルなツールだった。

しかし、戦略は策定しておしまいではない。

どんなに卓越した戦略を策定しても、それが実行に移され、成果につながらなければ、まったく価値がない。

そのころ、コンサルティング業界では、大きな変化が起きはじめていた。

それまでの戦略コンサルタントは「Something unique」（ユニークで革新的なアイデア）を提供することが最も重要だと言われていた。

だが、いくら斬新なアイデア、革新的と思われる戦略でも、クライアントがそれを実行し、結果につながらなくては、まったく意味がない。

戦略コンサルタントの価値は、そうしたアイデアを「Make it happen」、つまり「実現させる」ことが大事なのだという考え方が広まっていた。

もちろん、戦略コンサルタントは実行の当事者ではない。実行するのは、あくまでもクライアントである。

しかし、策定した戦略を戦術レベルに落とし込んだり、現場での実行が担保される仕組みを構築したりするなど、実行支援の重要性が叫ばれるようになった。

どんなにユニークな戦略でも、クライアントが実行できないものでは意味がない。戦略そのものも「アイデア倒れ」にならないような実行可能性が担保されたものが求められるようになった。

そうした流れの中で、戦略策定に特化した当時のＢＣＧのアプローチに、私は限界を感じるようになったのである。

❺ アンダーセン・コンサルティングからの誘い

そんなとき、知り合いのヘッドハンターから声がかかった。

アンダーセン・コンサルティング（AC、現アクセンチュア）が日本で戦略グループを立ち上げるので、中核となる人材を探しているという。

ACはITに強みをもつシステムコンサルティングの会社だったが、その領域を広げ、戦略から業務プロセス、組織、人材にいたるまで総合的に企業変革を支援する「ビジネス・インテグレーション」（BI）サービスを志向していた。

ACの東京オフィスも戦略策定を支援する戦略グループを立ち上げることになり、戦略コンサルティングファームからの人材の引き抜きを考えていた。

私は、当時日本法人社長だった森正勝さんや戦略グループのヘッドだった村山徹さん（後にアクセンチュア日本法人社長）と何度も面談した。

二人の話を聞き、私は戦略策定のみならず実行支援を行うというBIというコンセプトに大きな興味をもった。

さらに、戦略グループをほぼゼロから立ち上げるという組織開発に関与できる点も、私にとっては大きな魅力だった。

私はもともと誰かが敷いた「線路の上を走る」より、自分の手で「線路を敷く」ことに興味をもつタイプである。

ゼロから戦略グループを立ち上げるので手伝ってほしいという要請を、私は受け入れることにした。

戦略策定については、ほぼ全員が素人だった

ACはいまでこそ巨大企業になったが、当時は日本全体でも数百名程度。戦略グループは、社内のほかの部門から選抜されたメンバーが10名ほど集まった小さな所帯だった。外部から来た人間は私だけだった。

戦略策定については、ほぼ全員が素人。分析にしても、ロジックにしても甘く、とてもクライアントに出せるレベルではなかった。覚悟していたとはいえ、BCGとのレベルの違いに愕然とした。

しかし、文句を言ったところで、クライアントは待ってはくれない。私はいくつものプロジェクトを掛け持ちし、若いコンサルタントたちを怒鳴り散らしながら、成果物をまとめることに奔走した。

戦略コンサルタントを育成するために、BCGで一緒だった三谷宏治さん（後に戦略グループエグゼクティブパートナー、現KIT虎ノ門大学院主任教授）に加わってもらった。三谷さんは人材育成に定評があり、彼のおかげで戦略コンサルタントは少しずつ育っていった。

電通から中途入社で採用した水留浩一さん（後にローランド・ベルガーで私の後任の社長に就任。現スシローグローバルホールディングス社長）や、新卒で戦略グループに加わった田村誠一さん（元JVCケンウッド副社長、元日本電産専務、現ローランド・ベルガー シニアパートナー）など、コアメンバーも少しずつ増えていった。

ACの最大の強みは、営業力

ACでは、業務改革や営業改革のプロジェクトに数多く携わった。当時はITを活用したBPR（ビジネス・プロセス・リエンジニアリング）のブームが到来し、大企業を中心に業務を刷新しようとする動きが顕著だった。

ACの最大の強みは、その営業力にあった。

もともとシステムコンサルティングの会社なので、多くの大企業の情報システム部門とは付き合いがある。

さらには、もともと同じ会社だった大手監査法人アーサー・アンダーセン（エンロン事件で2002年に解散）からの紹介もあり、それほど苦労しなくてもプロジェクトを受注することができた。

これは比較的小規模のブティック型ファームにとっては、じつにうらやましい状況だった。どんなにブランド力があるファームであっても、コンスタントにプロジェクトを受注するのは容易なことではない。

ACの場合、システム開発というときには数十億〜数百億円単位のプロジェクトを受注することもあるので、短期間の戦略策定プロジェクトなどは、その予算の中でなんとかやりくりすることもできる。

あるパートナーから「戦略グループはチョコレートのコーティング」と言われたことがある。

ACにとってなにより大事なのは、巨額の予算がつくシステム開発。

その巨大プロジェクトを受注するために、戦略策定支援という見栄えのいい「チョコレートのコーティング」を施し、ほかの情報システムの会社と差別化する。さらには、この魅力的なコーティングによってブランド力も高まるので、単価も高く設定できる。

「世の中には賢い人がいるもんだ」と私は感心した覚えがある。

ACはブティック型の戦略コンサルティングファームでは真似のできない独自のビジネスモデルをつくり上げようとしていた。

「ブランド力」ではマッキンゼーやBCGにはかなわないが、「商売」という意味では、ACのほうがはるかに長けていた。

戦略コンサルタントに転身して7年で、パートナー（共同経営者）へ昇進

ACに入社して3年が経ち、私はパートナー（共同経営者）に昇進した。

戦略コンサルタントにとってのひとつの目標は、パートナーになることである。

戦略コンサルティングファームの多くは、「パートナーシップ」という経営形態をとっている。

「パートナー」と呼ばれる幹部たちが出資し、共同経営者として会社を運営している。一般の会社でいえば、役員に昇進するようなものだ。

パートナーへの昇進は「仲間」（パートナー）として認められた証しであり、戦略コンサルタントとしての成功を意味する。

パートナーになることは、「会員限定のクラブ」への加入が認められたようなものであり、コンサルタントとしてのステータスを表している。

当然、そのハードルは高く、ワールドワイドの審査、承認が必要である。

海外オフィスの「シニアパートナー」と呼ばれる重鎮たちによる面接が何度も行われ、「仲間」として適格かどうかの厳密な「品定め」が行われる。

最近では、パートナーシップではなく、株式会社の形態をとるコンサルティング会社も

増えている。その中には「パートナー」という肩書を残している会社もあるが、それは本当の意味でのパートナーではない。

戦略コンサルタントに転身して7年、私はなんとかパートナーというひとつの目標まで辿り着くことができた。

しかし、いまから思えば、それは「ゴール」ではなく、「スタート」にすぎなかった。

3 名門ブーズ・アレン・ハミルトンへの転身

「真のプロフェッショナル」を目指して——あえてリスクをとり、環境を変える

パートナーに昇進し、プロジェクトにも恵まれ、忙しいながらも、それなりに順風満帆な日々が続いていた。戦略グループも70名程度にまで拡大し、人もそれなりに育ってきた。

その一方で、私は自分の胸の奥に「充たされない何か」があることに気づいていた。

それは、「戦略コンサルタントとしてこのままでいいのか。堀さんのような真のプロフ

エッショナルを目指していたのではないか」という自分自身に対する疑問だった。

ACにいれば、プロジェクトが受注できなくて困ることはないかもしれない。しかし、そんな環境に甘えていては、堀さんのようなインパクトのある「本物の戦略コンサルタント」には絶対になれないとも感じていた。

そんなとき、BCGの先輩である西浦裕二さんから食事に誘われた。

当時、西浦さんはブーズ・アレン・ハミルトン（BAH）の東京オフィスのナンバー2、副社長を務めておられた。

第1章で触れたように、BAHは、戦略コンサルティングファームの名門。「M＋3B」の一角である。

BCG時代に西浦さんとプロジェクトを一緒にしたことはなかったが、「切れ者コンサルタント」として有名だった。

西浦さんは単刀直入に「うちに来ないか？」と誘いの言葉をかけてきた。

当時、BAHは東京オフィスの拡大を狙っており、とくに製造業をメインに担当できるパートナーを探していた。そして、私に白羽の矢が立った。

私は悩んだ。ACでの居心地はけっして悪くない。仕事にも恵まれている。

BAHは米国では名門ファームだが、日本での知名度は低い。もしBAHに移ったとしたら、いまのようにプロジェクトを安定的に受注できるだろうか。確証はなかった。

しかし、私はあえてリスクをとることを決めた。

当時、まだ40歳になったばかり。これから先のことを考えると、まだまだ力をつけなければならないときだった。

組織力や会社のブランドに頼っていたのでは、プロフェッショナルとしての力はつかない。

「本物」に少しでも近づくために、私はあえて厳しい環境に身を置くことを決めた。

▼「仕事がない」苦闘の1年目を乗り切った方法

覚悟していたとはいえ、BAHへ移った1年目は本当に苦労した。

仕事がないのである。

ACでは断るほど潤沢にプロジェクトがあったのに、BAHではまったく声がかからない。予想はしていたが、自分の力のなさに愕然とした。

1年目は、知り合いの経営者にお願いして、小さな予算のプロジェクトを確保したり、米国の本社から降ってくる外資系のプロジェクトで糊口をしのぐしかなかった。

1年目が終わったとき、日本法人の米国人社長との面談があった。そして、こう言われた。

「Very disappointed.（とても残念だ）」

心の中では「社長として日本におけるBAHの知名度を高めるための努力をしていない

あなたに言われたくない」と思っていたが、結果が出ていないのは事実だ。

私はただ、うつむくしかなかった。

とはいえ、私は何もしなかったわけではない。かつてコンタクトのあった企業の経営者たちに連絡をとり、営業活動をしたり、「遠藤功」という個人を売り込むために本を出版した。

これが私の初の単著『コーポレート・クオリティ』（東洋経済新報社）である。[2]

ＢＣＧ時代に堀さんから「本は〝名刺代わり〟だ」と教えられた。

名前だけ書いてある名刺を配ったところで、相手は覚えてくれはしない。本で自分の主義主張を世に問えば、読んでくれた相手の記憶に残る。

本の効果は大きかった。

講演の依頼や雑誌の取材が、徐々に舞い込んでくるようになった。そして、地道にコンタクトをとっていた企業からもコンサルティングの依頼が少しずつくるようになった。

そして2年目は、こなせないほどのプロジェクトを抱えるようになった。

2年目が終わったとき、米国人社長は笑顔でこう言った。

「Very happy.（とても嬉しい）」

▼ 二人の外国人パートナーに助けられる

BAH東京オフィスの米国人社長はただ座っているだけの「大家さん」のような存在だったが、海外には頼りになるパートナーたちがいた。

ひとりはシカゴオフィスのポール・アンダーソン。自動車業界の専門家で、その温和な性格でみんなの尊敬を集める人格者だった。

日本の自動車メーカーを攻略するために、彼の人的ネットワークを使って、経営幹部を紹介してもらったり、さまざまな角度からアドバイスをもらった。

そして、もうひとりがロンドンオフィスに在籍していたキース・オリバー。彼はサプライチェーンマネジメント（SCM）の専門家で、欧米では「SCMの権威」としてよく知られる存在だった。

彼はマッキンゼーやBCGでよく見かける秀才タイプのコンサルタントではなく、企業のオペレーションの現場を熟知した、地に足の着いたコンサルタントだった。

この二人のサポートがなければ、私は日本企業から大きなプロジェクトを受注することはできなかった。グローバルネットワークの恩恵を、私は強く感じた。

とくに、キースはたった1時間の提案書のプレゼンのために、わざわざロンドンから何度も駆けつけてくれた。

経験に裏付けられた彼のサポートは、絶大な力を発揮した。

「何かで有名になれ。名前を売れ」

和食好きのキースとは、来日するたびに、寿司やてんぷらを食べに行った。

せっかくの高級な寿司にたれるほど醤油をつけて食べながら、彼は私にこう助言してくれた。

「何でもいいから、何かで有名になれ。名前を売れ」

キースは、欧米では自他共に認めるSCMの第一人者だった。

「SCMの専門家になろう」と決め、それを磨いてきたからこそ、その分野では誰もが認めるプロフェッショナルになった。

私は、何か特定の分野の専門家になるつもりはなかった。

どんなテーマであろうが、経営トップに適切な助言ができる「引き出し」の多いコンサルタントになりたいと思っていた。

しかし、キースと出会って、「顔」を売ることがいかに重要かということを認識するようになった。

プロフェッショナルとして生きていくのであれば、自分の「顔」をもつことが大事なのだと彼は私に教えてくれた。

中央集権の弊害——私が抱えた違和感、不信感、そして反発

ポールやキースとの出会いのように、BAHという会社はグローバルでの連携をとても重視していた。

重要なクライアントを攻略するために、世界各国からエキスパートを集め、グローバルチームを編成するのが、この会社のやり方だった。

私自身がその恩恵を受けたように、このアプローチはクライアント企業のグローバル化が大きく進展する中で、クライアントの信頼を獲得し、より良いサービスを提供するという意味では、きわめて効果的だった。

しかし、このアプローチには問題点もあった。

グローバルチームを編成する必要のあるビッグ・クライアントばかりが重視され、各国のオフィスで手掛けているローカル・クライアントは軽視されるようになったのである。

もちろん大きなプロジェクトになる可能性のあるグローバル・クライアントを重視することには、何の問題もない。私も大賛成である。

しかし、だからといって、それぞれの国において重要なローカル・クライアントを無視

していい、ということにはならないはずだ。

世界的には知名度は低くても、国内においてはよく知られている優良企業は、日本にはいくらでもある。グローバルとローカルのバランスをとることが、真のグローバル化のはずだ。

しかし事態は、私の望むような方向には向かわなかった。

東京オフィスが攻略すべきターゲットクライアントを決める際には、米国本社の「承認」が必要などという、とんでもないルールが課せられることになった。

つまり、どのクライアントを攻略するかの決定権は東京オフィスにはなく、すべては米国本社が「仕切る」ことになったのである。

彼らにとって、グローバル化とは米国一極集中化にほかならなかったのだ。

これはパートナーシップの根幹を揺るがす大問題だと私は思った。

それぞれのオフィスの自治権、自由度がなくなれば、独自性のある運営はできなくなる。

私は大きな違和感と不信感、そして反発を感じるようになっていった。

第3章

私のコンサルティングキャリア（その2）
――ローランド・ベルガーで私が学んだこと

1 リ・スタート

ベルガーさんとの出会い

ブーズ・アレン・ハミルトン（ＢＡＨ）で米国本社との軋轢を経験しているころ、あるヘッドハンターからアプローチがあった。

ローランド・ベルガーが日本法人の社長を探しているという。

ローランド・ベルガーというコンサルティング会社があることは知っていたが、日本での存在感は皆無に等しかった。

「そんなところに移って、ＢＡＨに移ったときと同じような苦労をまたするのはごめんだ」というのが、最初の正直な感想だった。

それでも、ヘッドハンターは「ベルガー氏が近々来日するので、とりあえず会うだけ会ってみたら?」と引き下がらない。

ベルガーさんはそのころ、ドイツのシュレーダー政権で経済担当大臣就任の要請があったほどの大物。

日本での知名度が低いとはいえ、世界的なコンサルティング会社をゼロから立ち上げた立志伝中の人と会う機会はそうはない。

私は、興味本位で会うことを承諾した。

「この人と仕事をしたら面白そうだな！」

1999年11月5日、私はベルガーさんとはじめて会った。

場所はベルガーさんの常宿であるホテルオークラのメインダイニング、ラ・ベル・エポック。

二人は最初から意気投合した。はじめて会うとは思えないほど、話が弾んだ［写真1］。

ベルガーさんは、私と同じくBCGの出身。

ボストンで勤務していたが、「欧州を起源とするコンサルティング会社がないのはおかしい」と生まれ育ったミュンヘンに戻った。

そして1967年、29歳の若さでコンサルティングファームを立ち上げた。

ベルガーさんは欧州全域に拠点を広げ、70年代には南米やアジアにも進出。米国勢が大勢を占める戦略コンサルティング業界において、欧州を起源とする会社として存在感を高めつつあった。

ベルガーさんは、自身の夢と挑戦を熱く語った。


［写真1］ベルガーさんとパーティーの席で

当時、ベルガーさんは60歳を過ぎたばかり。赤ワインをガブガブ飲みながら、ステーキを美味しそうにほおばる。

情熱的で、じつにエネルギッシュ。コンサルタントというよりは、壮大な夢をもつ事業家のようだった。

「この人と仕事をしたら面白そうだな！」

直観的に私はそう感じていた。

ベルガーさんと交わした「2つの約束」

そのベルガーさんの最大の懸案事項のひとつが日本だった。

1991年に東京にオフィスをかまえたものの、10年近く鳴かず飛ばず。ドイツ企業の日本市場参入の支援をする程度の仕事しかしていなかった。

ベルガーさんにとって、日本での成功は悲願だった。

世界で日本企業の存在感が高まる中で、日本での成功がなければ、「真のグローバルファーム」とは呼べない。彼はそう考えていた。

そのためには、「日本人主導の体制で、大手の日本企業をクライアントにすることを目指さなければならない。東京オフィスを『リ・スタート』（再出発）させたいのだ」と熱く語った。

そして、ベルガーさんは私に「2つの約束」を提示した。

それは、「すべて任せるから、あなたの好きなようにやればいい」、そして「何かあれば、私が直接相談に乗る」という2つだった。

この「2つの約束」を聞いて、私はグラッときていた。

初対面にもかかわらず、「私を信頼してくれている」ことがヒシヒシと伝わってきた。

さすがにその場での即答はせず、「少しだけ考えさせてほしい」と伝え、別れた。しかし、帰りのタクシーの中で、私は「これはやるしかないか！」と思っていた。

それはけっしてワインに酔っていたからではなかった。

2 「3強の一角入り」を目指す

44歳で日本法人の社長に
――「マッキンゼー、BCGと並ぶ3強の一角入りを目指す」

それから半年後の2000年5月、私はローランド・ベルガー日本法人の社長として参画した。私は44歳になっていた。

自分のキャリアを振り返ると、小さいとはいえ会社の社長の経験をしたことが、戦略コンサルタントとしての「質」に大きな影響を及ぼしていることは間違いない。

実際に会社を経営するとはどういうことか、組織を動かすとはどういうことかを身をもって体感した。

当時、ローランド・ベルガー東京オフィスの陣容は、コンサルタント、サポートスタッフ合わせても10名足らず。まさにゼロからのスタートだった。

入社したその日の朝に、全員に集まってもらったが、みんなどこか不安そうな顔をしていた。

私は「マッキンゼー、BCGと並ぶ3強の一角入りを目指す」とぶち上げた。

「この人はいったい何を言っているんだろう……」

みんなが怪訝な表情になるのがわかった。

ずっと低迷が続き、社員がひとり、またひとりと去っていく中で、「そんな夢物語、実現するわけがない」と思うのは当然のことだった。

でも、私は「リ・スタート」するからには、高みを目指さなければならないと信じていた。

その目標こそが「3強の一角入り」だった。

ベルガーさんが他国のオフィスで実現させてきたのだから、日本でもできないはずはない。いまは信じられなくても、必ずできるはずだと自分自身を鼓舞するかのように私は話しかけた。

「3強の一角入り」という目標とともに、私は「コンサルティング・ベンチャー」という言葉をさかんに使った。

「私たちはコンサルティング会社であると同時に、ベンチャー企業でもある」

ベルガーさんの起業家魂に共感し、私はこの会社に入社した。ベンチャーの立ち上げに参加しているのだという意識を、私はみんなにもってもらいたかったのだ。

Ⅴ 「3つのF」を掲げる

目標を掲げるとともに、私は「3つのF」という私の思いを語った。

❶ Fresh

最初のFは「Fresh」。

私たちはマッキンゼーやBCGのようなブランドが確立したエスタブリッシュメントではない。ベルガーさんが1967年に立ち上げたフレッシュな会社だ。

しかも、欧州唯一の戦略コンサルティングファームだ。その存在そのものがユニークであり、私たちの個性でもある。

創業者が現役で元気に活躍し、その創業者とともに新しい歴史をつくることができる。こんなに瑞々しく、新鮮な会社はないことを私は強調したかった。

❷First-class

2つめのFは「First-class」。

一流の人材を採用し、一流のクライアントとお付き合いする。

プロフェッショナルとしての「質」にこだわることを私は伝えた。

❸Fun

そして、3つめのFは「Fun」。

とにかく楽しもうというメッセージを、私はみんなに伝えたかった。

東京オフィスを「リ・スタート」するという「お祭り」に参加しているのだから、「楽しまなければ損」ということを私は力説した。

最初のミーティングで小難しい話をするつもりはなかった。それよりも、私の正直な思いをありのままに伝えようと思った。

ひきつり気味だったみんなの顔が少しずつ緩み、柔らかくなっていったのをいまでも覚えている。

「個人商店」を脱するために——立ち上げのチームづくり

社長として意気込んで乗り込んだところで、所詮ひとりでは何もできない。

まずは「リ・スタート」を一緒に牽引してくれる仲間を増やし、立ち上げのチームをつくることに注力した。

最初に参画してくれたのが、アンダーセン・コンサルティング時代の同僚だった水留浩一さんだ。

ベルガーさんに入社の意志を伝えた直後に、連絡をとり、誘ったところ快諾してくれた。コンサルタントとしての能力の高さだけでなく、起業家精神に溢れた人材なので、「リ・スタート」の仲間としてはうってつけだ。水留さんは後に私の後任の社長になった。

そのほかにも、私が入社する以前からローランド・ベルガーでがんばっていた長島聡さんが辞めるというのを必死で引き留めた。

さらには、キャリア採用で貝瀬斉さんらが、新卒で高橋啓介さんらが入社してくれた。

二人は現在、パートナーとして活躍している。

少しずつ組織は整備されていったが、当初は私の「個人商店」の域を脱していなかった。

無理をせず、20～30人程度の気の合う仲間たちと仲良くやっていくというのであればそれでもいいが、それでは「3強の一角入り」という目標は絶対に実現できない。

大きく飛躍するためには、経験豊富で、プロジェクトを売り、仕切ることができるシニアな人材を外から採用することが不可欠だった。

3 飛躍への道筋

「You have my full confidence!（あなたを心から信頼している）」

そのころコンサルティング業界では、私たちの追い風になるような事態が起きていた。A・T・カーニーが「EDS」というIT企業に買収されるというので、人が離反しはじめていた。また、私が以前勤めていたブーズ・アレン・ハミルトン（BAH）も、米国本社と東京オフィスの軋轢がさらに高まっていた。

私はこの2つの会社のパートナー陣に声をかけ、ローランド・ベルガーの「リ・スタート」を手伝ってほしいとお願いした。

その結果、過去に私をBAHに誘ってくれた西浦裕二さんが参画してくれることを決めてくれた。

さらに、BAHからは岸田雅裕さん、A・T・カーニーからは森健さん、岡村暁生さんのパートナー陣が参画することになったのである。

水留さんもパートナーに昇進し、私も含めパートナーはいっきに6名に増えた。西浦さんと私が共同代表という立場になり、東京オフィスが弾みをつける基盤が整備された。

ほかにも、後に日本マクドナルドのチーフ・マーケティング・オフィサーとして業績回復に尽力した足立光さんなど、力のあるコンサルタントたちも入社してくれた。

ドイツ本社では、パートナーなどの幹部をいっきに増やすことについての慎重論もあった。給与の高いシニアメンバーをいっきに増やすので、固定費はべらぼうに増える。プロジェクトを受注し、収入が生まれるまでにはタイムラグがあるし、パートナーを増やしたからといって、本当にプロジェクトが受注できるかどうかは定かではない。そこには当然、リスクが伴う。

このとき、後押しをしてくれたのはベルガーさんだった。

ベルガーさんとは「3年目で黒字にする」と約束していた。

しかし、「パートナー陣を増やすことによるコスト増で黒字化の達成は難しい。申し訳ない」とメールを送ると、そのメールをプリントアウトした紙に自筆で走り書きをし、ファックスで送り返してきた。

そこにはこう書かれていた。

「You have my full confidence !（あなたを心から信頼している）」

そのメッセージには、一代でグローバルファームを築き上げたベルガーさんの起業家魂が込められている気がした。

▼『現場力を鍛える』『見える化』がベストセラーに

パートナー陣の強化によって、東京オフィスの成長はいっきに加速していった。新卒採用、キャリア採用も積極的に行い、人員数も50名、60名へと拡大していった。

しかし、知名度やブランド力という観点では、マッキンゼーやBCGにはまだまだ遠く及ばない。

そこで、私は本の出版で、少しでも知名度を上げようと考えた。

そして2004年に出版したのが、『現場力を鍛える』（東洋経済新報社）である。[1]

この本は、私の予想をはるかに超える大きな反響を生んだ。

八重洲ブックセンターのランキングで1位になり、次から次へと増刷がかかった。年末には書評誌『トップポイント』の「読者が選ぶベストブック」の第1位に輝いた。

その勢いは翌年も続いた。

2005年に出版した『見える化』（東洋経済新報社）もよく売れ、第6回日経BP・

BizTech図書賞まで受賞した[2]。

『現場力を鍛える』『見える化』はどちらも15万部を超えるベストセラーになり、私の代表作になった。

それと同時に、ローランド・ベルガーの知名度もいっきに高まった。

ブーズ・アレン・ハミルトン時代にキース・オリバーがアドバイスしてくれた「名前を売れ」を、私はようやく実現することができた。

社長を5年務めて会長に――グローバル経営に参画する

社長を5年務めた2006年、私は会長になった。

同時に、私は早稲田大学ビジネススクールの教授に就任した。ビジネス教育に携わりたいというのは、私のかねてからのひとつの目標だった。

後任は私とともに立ち上げを担ってくれた水留浩一さんに託した。彼は36歳の若さだった。

ドイツ本社内には「シニオリティが重視される日本で、若い彼で大丈夫か?」という声もあったが、彼の実力と適性を知る私には何の不安もなかった。ベルガーさんも積極的に推してくれた。

日本法人の経営を水留さんに委ねた私は、ドイツ本社の経営監査委員会（SVB：

［写真2］SVBのメンバーたちと

Supervisory Board）のメンバーに就任することになった［写真2］。

経営監査委員会はドイツでは一般的な統治組織で、EC（Executive Committee）の上位にくる最高意思決定機関だ。

私は5名のメンバーのひとりに、アジア人としてはじめて選出された。

ミュンヘンで開かれたパートナーミーティングでの投票によって選出され、壇上で拍手喝采を浴びたときには、さすがに身震いした。

それから5年間、私はローランド・ベルガーのグローバル経営の中枢に参画することになった。私以外のメンバーは、ドイツ人、フランス人、オランダ人、ポルトガル人だった。

年に4回、1泊3日の「弾丸ツアー」でドイツに出張し、朝から夕方までグローバル経営の主要課題について議論を行った。

グローバルファームがどのように統治を行っているのかを肌で感じる貴重な経験だった。

コンサルタント自身が進化しなくてはならない

会長になってからも、私は実際のコンサルティングプロジェクトに関わっているが、コンサルタント自らが質を高める必要性を痛感している。

日本企業を取り巻く環境は、ますます複雑、高度化している。時代に適合し、先取りするコンサルティングサービスを提供するには、私たち自身が常に進化しなくてはならない。たとえば、私たちは日本企業の創造生産性を高めるために、日本流のイノベーションである「和ノベーション」という考え方を提唱している。

「わ」には日本の「和」、対話の「話」、仲間の「輪」という3つの意味を込めている。その活動のひとつが、「仲間企業」と呼ぶパートナー企業とのコラボレーションである。AIやデータベース、精密技術、デザインなど、固有の強みをもつスタートアップ企業を中心とする十数社と連携し、日本流のエコシステムをつくろうとしている。

実際のコンサルティングプロジェクトを共同で受注し、協業するなど、これまでのコンサルティングとは異なるアプローチに取り組んでいる。

私自身もあるプロジェクトで、仲間企業の1社と協業を経験した。先端テクノロジーに精通したその会社からの助言には「なるほど」と思うことが多々あり、とても新鮮だった。

不連続の変革に迫られている多くの日本企業は、経営トップの強力なリーダーシップによるトップダウンと、実行を担う現場の高い当事者意識に根差したボトムアップを融合させながら、「ダイナミック・トランスフォーメーション」を実現させなければならない。

その変革を支援するには、クライアントの経営陣と腹を割って対峙し、クライアントの現場を鼓舞することができるこれまで以上に質の高いコンサルタントが求められている。

4 戦略コンサルタントが社長になってみてわかった4つのこと

2000年にローランド・ベルガーの日本法人社長になって以来、社長、会長という役割を20年もの間、担ってきた。

その経験は、戦略コンサルタントとしての私の仕事にも、さまざまな影響を与えている。社会的責任やプレッシャーの大きさという意味では、大企業の社長と比べ物にはならないが、小さな組織とはいえ何かの縁で一緒に仕事をする仲間たちを盛り立て、会社を成長、発展させようとする気持ちは同じである。

ひとりの戦略コンサルタントが社長になって何がわかったのか。それを記しておきたい。

気づき1 まず「思い」ありき──「強固な思い」は「軟弱な戦略」に勝る

戦略コンサルタントは、よくいえば論理的、悪くいえば小難しい屁理屈ばかりと一般的には思われている。

私は、経営には合理性が不可欠だと思っている。

熾烈な競争に打ち勝ち、存在感ある会社になるためには、自社や競合相手の強み、弱みを冷静に分析し、競争に勝つための合理的なシナリオをつくらなければならない。

しかし、実際に社長になってみると、合理的な戦略よりも大切なものが見えてくる。

それは「思い」である。

「ビジョン」「志」と呼んでもいいかもしれない。

自分は何を成し遂げたいのか。それがすべての出発点である。

そして、その「思い」に共感してくれた人たちがひとり、またひとりと集まってきてくれる。

私は社長に就任した際、「3強の一角入り」「コンサルティング・ベンチャー」という自分の「思い」を掲げた。当時の状況から見れば、それは絵空事のように聞こえたかもしれない。

しかし、その「思い」に共感してくれた人たちは、当時「泥船」のような状態だった会社に残ってくれ、外部からも新しい仲間が集まってきてくれた。

「思い」は、「戦略」よりも上位の概念である。

そして、「強固な思い」は「軟弱な戦略」に勝るのである。

気づき2 タイミングを逃さない――経営には「勝負時」がある

経営には「勝負時」というものがある。

どんなに理詰めの戦略を立てようが、タイミングを間違えれば結果は出ない。早すぎてもダメだし、遅すぎてもダメだ。絶好のタイミングを逃さないことが、経営者の最大の手腕かもしれない。

社長時代の私にも「勝負時」があった。

社長になって3年目、すでに述べたように、いくつかの競合他社の経営が混乱に陥っていた。それは、ローランド・ベルガーにとっては、人を採用する絶好のチャンスだった。

私は思い切って動いた。自分の「思い」を語り、ローランド・ベルガーに移らないかと熱心に声をかけた。

そして、4人のパートナーと中核となるコンサルタントを採用することができた。それが現在のローランド・ベルガーの礎となっているのは間違いない。

いまから振り返れば、勝負するのはあのタイミングしかなかった。

米国からドイツに戻り、たったひとりで起業して以来、各国でオフィスを立ち上げてきたベルガーさんは、私と同じ感覚を共有し、力強く後押ししてくれた。

あのタイミングを逃していれば、東京オフィスはたんなる「個人商店」で終わっていたかもしれない。

気づき3 人の可能性を信じる——チャンスを与え、経験を積ませる

現在のローランド・ベルガーは、本当に優秀な人材を採用できるようになった。新卒も、キャリア採用もきわめてレベルが高い。

しかし、20年前はそうではなかった。地頭力、知識、スキルなどすべての面において、いまと比べると劣っていたと思う。

人材の層が厚くないこともあり、贅沢を言うこともできなかった。当時抱えていた人材で、なんとかやりくりしながら、しのぐしかなかった。

しかし、これが私にとっては、とても貴重な経験になった。

優秀な人材が潤沢にいたなら、「うまくいかないのなら、ほかの人と代えればいい」と安易に考えていたかもしれない。

しかし、人材リソースが限られている中では、多少の不満はあっても、我慢して、粘り強く育て、使っていくしかない。

若手コンサルタントたちはクライアントに鍛えられ、経験を積むことによって、徐々にたくましくなっていった。

戦略コンサルタントという仕事は、地頭のよさだけでできるほど単純なものではない。

頭の回転の速いスマートな人材が、プロジェクトでは成果を出せないことはいくらでもある。

一方、一見冴えないが、粘り強くクライアントにくらいつき、信頼される仕事をするコンサルタントもいる。

ローランド・ベルガーも「Up or Out」が基本ではあるが、その年数はほかのファームに比べると長い。

あるプロジェクトではくすぶっていたが、ほかのプロジェクトでは見違えるような仕事をしてみせたコンサルタントはいくらでもいる。

その人の可能性を信じ、チャンスを与え、経験を積ませる。

戦略コンサルタントは実践で鍛え、コンサルティングの現場で粘り強く育てるしかないのである。

気づき4 サポートスタッフを大切にする
──「縁の下」が強くなれば、「主役」も力強く仕事ができる

社長になった私の頭を悩ませていたのは、じつはコンサルティングそのものだけではなかった。

雇用契約書などが整備されていない、経理から上がってくる数字が正しくない、銀行の

預金残高が突然ショートするなど、経営管理があまりにも杜撰だったのである。

こんなことに振り回されていたら、コンサルティングに専念できるはずがない。

そこで、私はサポートスタッフの強化を図った。

まずは、BAH時代に私の秘書を務めてくれていた桜井裕子さんをローランド・ベルガーに誘った。しばらくは私の秘書をやってもらったが、その後、人事担当のマネージャーになってもらった。

彼女に人事の経験はなかったが、私は「彼女ならできる」と確信していた。

経理のマネージャーには、上島弘道さんを中途で採用した。外資系戦略コンサルティングファームの経理は、海外本社とのやりとりが必須なので、それなりのノウハウと粘り強さが不可欠になる。

この信頼できる二人が加わることによって、経営管理はいっきに安定した。二人は20年経ったいまでもオフィスを縁の下で支えてくれている。

コンサルティング会社にとっての「主役」はあくまでもコンサルタントだ。秘書や人事、経理、グラフィックス、ITなどのサポートスタッフは「縁の下の力持ち」という位置付けである。

しかし、舞台を支えてくれる「縁の下」が弱ければ、舞台は安定せず、「主役」はいい仕事はできない。

逆に、「縁の下」が強くなれば、「主役」も力強く思う存分仕事ができるようになる。

総勢120名の小さなオフィスだが、会社全体が円滑に回るようにいつも支援してくれているサポートスタッフたちの貢献はきわめて大きい。

第4章

戦略コンサルタントという「仕事の本質」は何か

1 戦略コンサルタントは、どのようなプロジェクトに関わるのか

「仕事の本質」を明らかにする

第1章～第3章の紙幅を費やして、戦略コンサルタントという職業が生まれた歴史、そしてその仕事を30年やってきた私自身のキャリアについて語ってきた。

しかし、それらは「戦略コンサルタントの仕事とは何か」を語るための前振りの情報にすぎない。

本章では、戦略コンサルタントが実際にどのような仕事をし、どのような付加価値をクライアントに提供しているのかという「仕事の本質」を考察したい。

とはいえ、戦略コンサルタントを経験した人、もしくは戦略コンサルタントと一緒に仕事をしたことがある人くらいしか、私たちの本当の仕事ぶりはわからないかもしれない。

そこで、まず最初に、実際に私自身が最近携わった3つのコンサルティングプロジェクトの概要を紹介しようと思う。

守秘義務の関係でクライアント名やプロジェクトの詳細を記すことはできないが、どの

ようなテーマで、どのような仕事をしたのかをイメージしてもらえればと思う。

「CEOアジェンダ」に関与する
――経営トップが直接関与するきわめて重大なプロジェクトに参画

私はローランド・ベルガー日本法人の会長になって久しいが、いまでも実際のコンサルティングプロジェクトに関わっている。

以前からお付き合いのある経営者から直接私に依頼があったプロジェクトでは、私自身が責任をもって関与しなければならない。

実際にプロジェクトを進めてくれるのは、パートナーやプリンシパル、プロジェクト・マネージャーを中心とするプロジェクトメンバーたちだが、私も一コンサルタントとして意見を述べている。

また、若いコンサルタントたちと直接接することで、少しでも刺激になりたいし、私も刺激をもらいたいと思っている。

3つのプロジェクトは、業界はまったく異なる。クライアントの売上規模も数百億円〜数千億円と幅がある。そして、テーマもまったく異なる。

しかし、ひとつだけ共通点がある。

それは、いずれのプロジェクトも社長をはじめとする「経営トップが直接関与するきわめて重大なプロジェクト」だということである。

米国ではこうしたテーマのことを「CEOアジェンダ」と呼ぶ。CEOが重要だと認識し、直接関与するテーマのことである。

私たちはクライアントの未来を左右するきわめて重大な局面で起用される。そして、経営トップと直接対峙しながら仕事をする。

それこそが、この仕事が高度であることの理由であり、醍醐味でもある。

［ケース❶］

消費財メーカーB社における「競合他社との提携に向けた大戦略策定」

B社は業界準大手の消費財メーカーである。

これまでにも同社の中期経営計画策定など、私たちは要所要所でコンサルティングを行ってきた。歴代の社長とも親しくお付き合いをしてきた。

そのB社に、競合相手でもあるX社が提携の話をもちかけてきた。

X社は、B社と同等規模の準大手。

国内市場のさらなる成長が見込めない中で、準大手同士が過当競争をするよりも、手を組めるところは手を組んだほうが得策と考え、B社にアプローチしてきたのだ。

B社の社長から私に「すぐに会いたい」と連絡があった。

数日後にお会いすると、X社との提携話をどのように進めたらいいかアドバイスが欲しいと依頼があった。

私たちは極秘プロジェクトを立ち上げ、検討に入った。

提携といっても、その内容はさまざまな選択肢が考えられる。

ある機能分野に限って協業するという比較的狭い範囲のものから、2社が完全に経営統合するという踏み込んだものまで、私たちはいくつかの選択肢を洗い出した。

そして、それぞれの選択肢におけるメリット、デメリットを検証し、その期待効果も算定した。

もちろんこの時点では、X社の詳細な経営情報、財務データは入手できないので、公開されている情報、データをもとにした初期的試算である。

私たちはほぼ2週間に一度、B社の社長ら幹部と会い、意見交換を行った。

膝詰めで本音の議論を行い、X社との提携を前提とした大戦略（グランド・ストラテジー）を固めていった。

その一方で、B社は私たちが立てたシナリオをもとにX社との交渉を続けた。

そして数ヶ月後、B社とX社は提携することで合意に達した。

［ケース❷］

産業用機械メーカーC社における「新規事業戦略策定」

C社は独自技術を有する産業用機械メーカーである。

その製品は国内のみならず、海外でも広く受け入れられている。

しかし、アジア勢を中心とした新興勢力も力をつけ、かつてのような優位性を担保することは、徐々に困難になりつつあった。

そこで、C社はハード（製品）だけでなく、サービスで収益を稼げるようなビジネスモデルへの転換を模索していた。

メーカーの付加価値構造が「モノからコトへ」「モノからサービスへ」と変わりつつある中で、付加価値の高い差別化されたサービスを提供することによって、製品だけに頼らない収益構造へ転換したいと考えていた。

これまでにも、社内でプロジェクトを立ち上げ、検討を行ってきたが、思うような成果は上がっていなかった。

そこで、外部の戦略コンサルタントを起用することとし、ローランド・ベルガーがそのパートナーとして選ばれた。

私たちはC社の中堅・若手メンバーらとプロジェクトチームを立ち上げ、検討を開始した。

私たちはエンドユーザーのニーズに徹底的にこだわった。

C社の機械を使用しているエンドユーザーを実際に訪ね、彼らがどのようなことに困っているのか、悩んでいるのかを聞き出すことから始めた。

C社はこれまで販売代理店（ディーラー）を介してエンドユーザーのニーズを吸い上げ、提供するサービスを検討していたが、じつはそれらはエンドユーザーの真のニーズとは少しずつズレていた。

エンドユーザーの現場を訪ね、現場の生の声を直接聞くことによって、C社がどのようなサービスを提供すれば現場の問題解決に結びつくのかが、徐々に見えてきた。

さらには、これまではサービスばかりを考えてきたが、C社の強みを活かすためには「モノ＋サービス」の組み合わせでエンドユーザーの問題解決を実現できないかを検討した。

サービスだけでは、簡単に他社に真似されてしまう可能性が高い。

C社の独自技術を活用したハードを加えることができれば、高い参入障壁を構築することが可能になる。

徹底したエンドユーザー志向でいくつかの戦略オプションを示し、社長をはじめとする経営陣の了承を得ることができた。

C社は現在、具体的な製品化の検討とパイロット展開の準備を進めている。

［ケース❸］

エンターテインメント企業D社における「現場主導の業務改革」

D社はエンターテインメントサービスを提供する企業である。

社員たちは顧客に満足してもらうために、日々懸命に業務を行っていた。

顧客に喜んでもらうことが自分たちの喜びであり、現場の士気はけっして低くはなかった。

しかしその一方で、社長は大きな問題を感じていた。

それは現場の生産性、効率性がけっして高くないことにあった。

社員一人ひとりは一生懸命仕事をしているが、大きなムダや非効率が放置されていた。

顧客に満足してもらうことばかりに目が向き、生産性や効率性が後回しになっていることに、社長は大きな危機感を抱いていた。

社長はローランド・ベルガーを起用し、業務改革に取り組むことを決断した。

ただし、あくまでも現場自らが主導し、現場力の強化につながることを社長は期待していた。

私たちは現場の核となるメンバーたちとプロジェクトチームを立ち上げた。

現場における問題点の洗い出し、分析はローランド・ベルガーが中心となって行った。

　業務が属人化し、標準化ができていないこと、ＰＤＣＡサイクルが回っておらず、仕事がやりっぱなしになっていること、ＩＴの活用が不十分であることなど、問題点が明らかになると同時に、何をすべきかが見えてきた。

　私たちはできるところからすぐに実行し、業務改革を目に見える形にすることにこだわった。

　そして、その実践はＤ社のメンバーたちが主体となって考え、アイデアを出し、主導した。ローランド・ベルガーのコンサルタントはそのサポートを行うという役割を担った。

　社長への報告会においても、Ｄ社のメンバーたちが中心となり、業務改革の成果を報告した。具体的な成果を目にして、社長も大きな手応えを感じた。

　業務は自分たちで変えることができる、変えていかなければならないということをメンバーたちは実感した。

　そうした意識の芽生えこそが、プロジェクトの最大の成果だった。

　現在は、業務改革を全社へ広げるための活動をプロジェクトメンバーたちが主導しながら、展開している。

2 戦略コンサルタントは「変革のプロ」である

「不連続の変革」が求められるときこそ出番

これら3つのケースを読まれて、あなたはどう感じられただろうか。

なぜコンサルタントに頼るのか。なぜ自分たちだけでやろうとしないのか。そんな疑問をもたれた人もいるかもしれない。

至極まっとうな疑問だと思う。

他社との提携、新規事業開発、業務改革など、取り組むテーマこそ異なるが、本来ならコンサルタントなど使わずに、自分たちだけで進めるのが「あるべき姿」と考える人もいるかもしれない。

にもかかわらず、なぜB社、C社、D社の経営トップは、ローランド・ベルガーに支援を要請してきたのか。

その最大の理由は、これら3社が過去の延長線上にはない「不連続の変革」に立ち向かおうとしているからである。

過去の経験にもとづいて対処できることであれば、外部のコンサルタントに頼る必要などまったくない。これまで培ってきた事業の知見とノウハウがあれば、何の問題もなく自分たちだけで対応できるだろう。

しかし、この3社の置かれた状況はそうではない。テーマこそ異なるものの、過去の延長線上にはない未知、未経験の変革に彼らは挑もうとしている。

B社は大きく変化する環境の中で、「競合他社との提携」という新たな経営モデルの可能性を模索している。

C社は「ハードからサービスへの転換」という新たな価値の創造に挑戦しようとしている。

そして、D社は「現場自らが業務改革を推進する」という新たな組織能力の獲得に動こうとしている。

こうした不連続の「ダイナミック・トランスフォーメーション」を推進するときこそ、「アウトサイダー」の存在が不可欠である。独立した客観的な立場からの助言や後押しがあるからこそ、客観的な合理性が担保され、変革を加速することができるのだ。

変革は戦略コンサルタントには「日常」だが、大半の企業には「非日常」
――「変革のマネジメント」こそノウハウであり、価値である

もちろん、こうした「不連続の変革」であっても、時間さえかければ自社だけで対応できるかもしれない。

だが、内部だけで進めようとすれば、おそらく膨大な時間とエネルギーを要するだろう。社内の利害調整だけでも、多大な労力が必要となる。

私たち戦略コンサルタントは、いわば「変革のプロ」である。

大きな変革が求められているクライアントからの依頼にもとづいて、私たちは仕事をする。だから、私たちにとって変革は「日常」である。

一方、大半の企業にとって、変革は「非日常」である。

5年に一度、10年に一度、時には20年に一度の大改革を自社だけで進めるのは、けっして得策とは言えない。「アウトサイダー」がいるからこそ、過去の成功体験や凝り固まった社内の「常識」を否定することができる。

変革の道筋や方向性を定める、変革の必要性を社内に浸透させる、変革に向けて行動を起こし、広げる。

こうした一連の「変革のマネジメント」(change management)こそが戦略コンサルタ

ントのノウハウであり、価値である。

B社は、わずか数ヶ月でX社との提携の方向性を定め、自分たちのシナリオを踏まえて、提携の交渉を進めることができた。

C社は、自社だけでは掘り起こせなかったエンドユーザーのニーズを掘り起こすことができ、新事業戦略の骨格をまとめることができた。

そしてD社は、業務改革による具体的な成功体験を生み出し、継続的な業務改革に向けて歯車が回りはじめた。

言うまでもなく、変革を進める当事者はあくまでもクライアントである。どんなに有能な戦略コンサルタントであっても、変革の当事者にはなりえない。

しかし、「変革のプロ」である戦略コンサルタントを上手に使うことによって、変革を加速させ、早期に結果につなげることが可能になるのだ。大きな変革のときこそ、「アウトサイダー」を上手に使うべきなのである。

変革の「ツボ」を押さえる

私たちは企業の変革プロセスに参画し、「アウトサイダー」として仕事をする。一般的に、企業の変革は、次のような8つのステップを経て実現される。

①人を引きつける共感性の高いビジョンを掲げる
②ビジョンを実現するための合理的で適社性の高い戦略シナリオを策定する
③あらゆる方法でビジョン、戦略の「意味」を伝え、会社全体が一枚岩になる
④戦略実行に必要な資源を確保し、適切に配分する
⑤みんなで汗をかき、ブレずに努力を続ける
⑥成功体験を生み出し、みんなで方向性が正しいことを確認する
⑦結果にもとづき役員、社員をフェアに評価し、処遇する
⑧変革の輪を広げ、組織内に定着させ、変革を成し遂げる

こうやって文章にすると、企業変革などいとも簡単なように思うかもしれない。しかし、実際の変革は「教科書」どおりには進まない。さまざまな障害や壁を粘り強く乗り越えていかなければ、変革は実現できない。

「変革のプロ」である戦略コンサルタントは、変革のプロセス、要諦を熟知するだけでなく、それぞれのクライアントにおいて、どのステップが肝心なのか、「アウトサイダー」としての自分たちは個々の局面でどのような役回りを果たすべきなのかを正しく判断しなくてはならない。

変革を正しく導くには、押さえるべき「ツボ」がある。そして、その「ツボ」はクライアントの特性や状況によって異なる。

たとえば、役員層の意見がバラバラで戦略の方向性がまとまらない場合は、徹底的に議論を仕掛け、意思統一されるまで議論を続ける。

戦略の方向性は固まっても、傾斜資源配分が不十分だと思えば、社長に進言する。また、実行力に問題がある場合は、現場を巻き込み、現場をその気にさせるように汗をかく。

変革の「ツボ」をしっかりと押さえ、粘り強く変革を前に進めていく。これこそが「変革のプロ」に課せられた仕事である。

V プロフェッショナルたらしめる「3つの要素」

ローランド・ベルガーはクライアントときわめて密に仕事をする。クライアントのオフィスや現場に常駐することも多い。

それは、クライアントと同じ場所で同じ時間を共有し、クライアントの空気感を知ることによって、より深くクライアントを知ることができると考えているからである。

また、常に一緒にいるのだから、いつでもクライアントとディスカッションができる。クリエイティブなアイデアや知恵は、本気のぶつかり合いの中から生まれてくる。

その一方で、戦略コンサルタントは、クライアントと同質化してはならない。

同じ場所にいて、同じ時間を共有し、同じ空気を吸っていたとしても、私たちは常に「異質」でありつづけなければならない。

クライアントにとって「異質の存在」だからこそ、私たちは付加価値を提供することができる。

戦略コンサルタントの仕事は、次に述べる3つの要素によって成り立っている。これら3つの要素こそが、私たちをプロフェッショナルたらしめるのである。

❶独立性

戦略コンサルタントは独立した「外部」の人間、つまり「アウトサイダー」である。そこには何の「しがらみ」もない。

社内には無数の「しがらみ」が存在し、そこで働く人たちを無意識に縛っている。だが、私たちは「しがらみ」から自由である。

クライアントがより良い会社になるためにどうあるべきかだけをひたすら考え、提言するのが、私たちの仕事である。

米国企業などでは「社内コンサルタント」という立場の仕事がある。社員としてコンサルタント的な役割を担う人だ。

そうしたニーズがあるのは理解するが、機能するかどうかについては、私は懐疑的だ。どんなに優秀な人でも、ひとたび組織内で「インサイダー」となり、ひとりの社員として評価される立場になれば、「しがらみ」から自由とは言えない。

外にいるからこそできること、外にいないとできないことがある。

たとえ小さな存在でも、独立しているからこそ大きな付加価値を生むのである。

❷客観性

いくら独立した自由な立場であろうが、そこでの発言、提言が何の根拠もない絵空事では、クライアントの信頼は勝ち得ない。

私たちの最大の武器は、「説得力ある客観性」である。

客観的な立場で、何がクライアントにとって最も合理的なのかを問いかけつづける。ビジネスの当事者ではないからこそ、本当に大切なものは何かが見えてくる。

ビジネスというのは、合理的なものでなくてはならない。

にもかかわらず、会社はいつの間にか合理性を失ってしまう。内輪の論理ばかりに終始し、顧客不在の屁理屈ばかりがまかり通ってしまう。

そうした歪んだ姿は、クライアントとの適切な距離があるからこそ見えてくる。誤った合理性に執着することほど不合理なことはない。

❸専門性

クライアントは、いま営んでいる事業についてはプロである。成功体験に裏付けられたその道の専門家である。

戦略コンサルタントは、その点に対するリスペクトをもたなければならない。

しかし、先に述べたように、クライアントは「変革のプロ」ではない。より良い会社になるために、何をどのように変えたらいいのかという「変革のマネジメント」については、私たちのほうがはるかに経験値が豊富である。私たちは変革に導くための新たな戦略シナリオの策定、そしてその実行についての専門的な知見をもっている。「変革のマネジメント」こそが私たちの中核的ナレッジである。

これら3つの要素は、3つ揃ってはじめて大きな価値を生む。どれかひとつが欠けていても、私たちはクライアントに大きな付加価値をつけることはできない。

3 戦略コンサルタントは「一流の触媒」でなくてはならない

▼「触媒」が化学反応を加速させ、変革が実現する

戦略コンサルタントの仕事について回りくどく説明してきたが、ひと言でこの仕事を定義すれば、それは「触媒」(catalyser)である。

「触媒」とは、一般に「それ自体は変化しないが、特定の化学反応の反応速度を速める物質」のことを指す。

1832年にドイツのある化学者が、白金のかけらに水素を吹き付けると点火することに気がついた。白金が存在することによって、水素と空気中の酸素が反応し、火がつくことに着目したのだ。

この「化学反応」においては、白金が「触媒」の役割を果たしている。

戦略コンサルタントの役割は、この「触媒」に似ている。

「触媒」としての私たちが加わることによって、クライアントにおける「化学反応」が加速し、企業の変革が実現する。

私たちにコンサルティングを依頼してくるクライアントは、変革を求めている。組織内で「化学反応」を起こし、新たな企業へと生まれ変わろうとしている。

しかし、成功体験に染まってしまっている企業や、これまでとは不連続の挑戦を目論んでいる企業などは、自力だけに頼っていたのでは、思うようには前に進まない。

そんなときこそ、「触媒」が必要である。

私たちは「触媒」としてクライアントの中に交じり込みながらも同化はせず、「化学反応」を起こし、変化を加速させ、変革を実現するお手伝いをする。

それこそが、戦略コンサルタントという「仕事の本質」である。

❶「触媒」が果たすべきミッション——クライアントを「その気にさせる」

それでは、戦略コンサルタントという「触媒」は、クライアントに対してどのような効果をもたらすのか。

「触媒」が果たすべき任務は、次の2つに集約される［図表4◆1］。

①変革の方向性を定める
②変革に向かわせる

図表4◆1 「触媒」のミッション

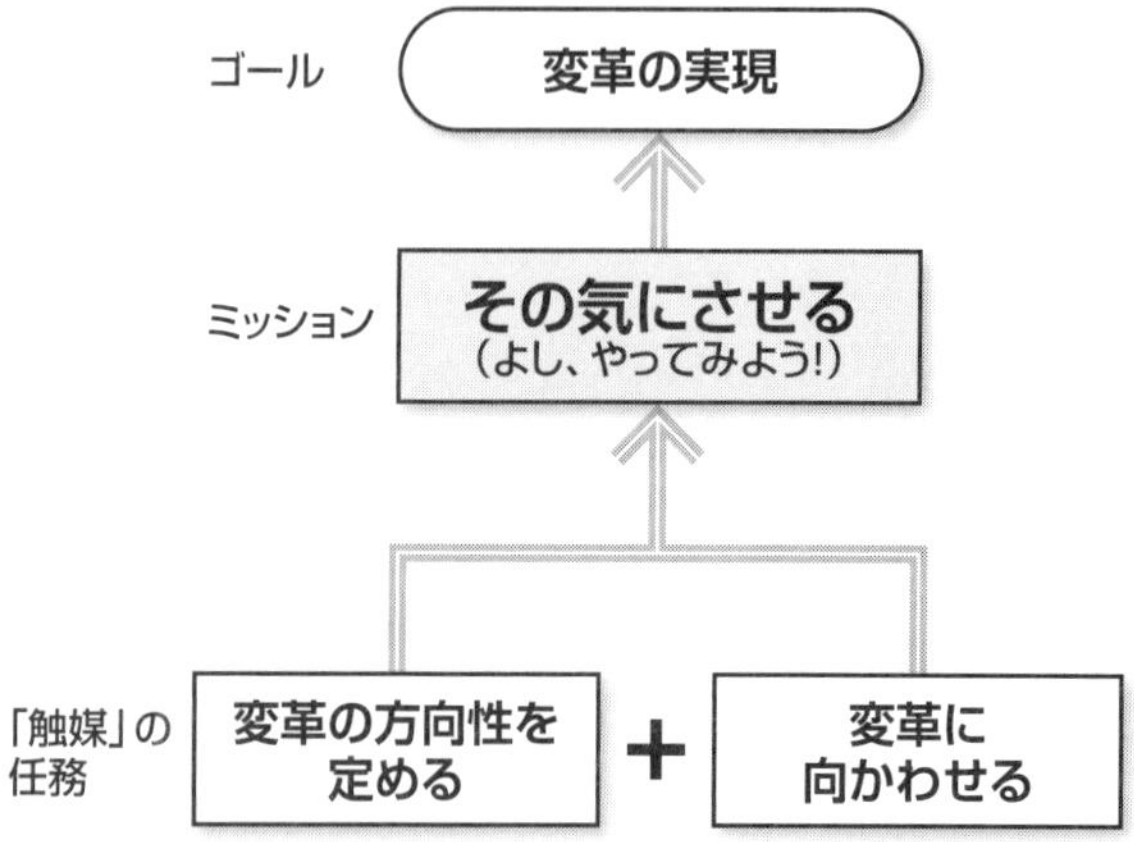

「変革の方向性を定める」とは適社性、実現性、共感性の高い変革シナリオをクライアントとともに策定し、変革の道筋を定めることである。

そして、「変革に向かわせる」とは定めた方向に向かって、クライアントの意欲を高め、実際に動き出すための支援を行うことである。

変革が実現するまでには、相応の時間が必要である。

そのすべての工程において戦略コンサルタントが関わることも稀にあるが、ほとんどの場合は、変革の初期段階で起用されることが多い。

クライアント自身も変革の必要性は自覚しているものの、その方向性が定まっておらず、「変革に向かおう」というエネルギーも社内には充満していない。

そんな混沌とした状況のときに、私たちは「触媒」としての仕事を果たさなければならない。

「触媒」が果たすべきミッションをわかりやす

く表現すれば、それは「その気にさせる」ことだと私は思っている。

クライアントの役員や社員たちが「会社を変えるんだ」という気持ちを高揚させ、「よし、やってみよう！」と思わせる。

それこそが「触媒」の本分である。

そのためには、「やってみよう！」と思わせるだけの合理的な戦略シナリオを策定することが必須だ。さらには、「これならできる」という成功体験を一緒につくることも必要になる。

クライアントを「その気にさせる」ために、できることは何でもやる。

それこそが、プロの戦略コンサルタントである。

❼ 小さくて地味だが「決定的な仕事」をするのが「一流の触媒」

戦略コンサルタントという職業の社会的認知度は高まり、高学歴の若い世代には人気の職業のひとつになったが、その本質はきわめて地味で、「黒子」のような仕事だ。

「触媒」は、けっしてメインの「物質」（クライアント）にはなりえない。

しかも、ひとたび変化が起きれば、「触媒」はもう不要だ。ひとたび点火すれば、次の出番まで白金はもういらない。

私自身も「触媒はせつないなあ……」と感じたことが何度もある。

しかし、「触媒」がなければ「化学反応」が起きなかったり、加速しないのもまた事実である。

地味で小さな存在だが、必要なときに「決定的な仕事」をする。それこそが「一流の触媒」である。

「ローランド・ベルガーさんがいなかったら、このプロジェクトはうまくいかなかったですよ」

一緒にプロジェクトを進めてきたクライアントの役員や社員のみなさんからこんな言葉をかけてもらうことが、私たちにとっては最大の喜びであり、「勲章」である。この言葉を聞きたくて、私たちは必死に仕事をしているといっても過言ではない。

時に厳しく、冷徹で、辛辣だが、時に温かく、励ましと勇気をくれる。

そんな姿をイメージして、私は戦略コンサルタントという仕事を30年やってきた。

もっともらしい正論をどれだけ語ろうが、それがクライアントの頭と心に響き、「化学反応」を起こせない人は、「一流の触媒」とは呼べない。

私たちはクライアントを全力で支え、鼓舞する応援団であり、変革を実現する伴走者である。

第5章

「一流の触媒」が常に意識する「5つのこだわり」

1 大戦略なくして小戦略なし

「瑣末なロジック」ではなく「骨太のロジック」こそ変革を成功に導く

戦略コンサルタントの使命は、「触媒」としてクライアントの変革の実現をお手伝いすることである。

そのプロセスにおいて、大切なこととはいったい何か。

それは、物事の本質を見抜き、シンプルだが骨太の変革シナリオを描き、実現することである。

戦略コンサルタントは、山ほどのデータや情報を扱う仕事である。

分析やロジックは私たちの仕事に欠かすことはできないが、時に「データや情報の海」に溺れてしまい、何が本質的に大切なのかを見失ってしまうことがある。本質的ではない瑣末なことに振り回されてしまえば、クライアントの変革は実現できない。

世の中の潮流を読み解く「鳥の眼」にもとづく大局観、そして泥臭い「虫の眼」で未来の予兆を感じ取る現場感。

この両方が備わってこそ、変革の「グランド・ストラテジー」（大戦略）は生まれる。

大戦略なくして小戦略なし。

「瑣末なロジック」ではなく「骨太のロジック」こそが、クライアントの変革を成功に導くのである。

Ⅴ 常に意識する「5つのこだわり」とは何か

それでは、骨太の変革シナリオを生み出すためには、どうしたらいいのか。

本章では、私自身が常に意識し、こだわっている次の5つのポイントを紹介したい。

①「適社性」にこだわる
②「ファクト」にこだわる
③「概念化・構造化・言語化」にこだわる
④「膝詰め」にこだわる
⑤「現場」にこだわる

私はこの30年間に約100社のクライアント、約200のプロジェクトに関わってきた。

正直にいえば、なかには不本意な結果に終わってしまったプロジェクトもある。すべてのプロジェクトが成功だったなどとは、口が裂けても言えない。

ざっくりとした感覚でいえば、成功率は8割くらいだ。

つまり、2割のプロジェクトは、私が思い描いていたような結果をもたらすことはできなかった。

何をもって「成功」「失敗」とするのかは難しいところだが、私自身が「思っていたような成果を上げられていない」「もっとできたはずだ」と感じたものは「失敗」と言わざるをえない。

その理由をあげれば、いろいろとある。しかし、ひと言でいえば、「触媒」としての私の力不足以外の何物でもない。

こうした「失敗」から学んだことはとても多い。

ここで紹介する「5つのこだわり」は、「失敗」も含めた私自身の経験から学んだ「私流のこだわり」である。

もちろん、戦略コンサルタントとして重視すべきことはほかにもあるだろう。

しかし、この5つが充たされなければ、「触媒」として「化学反応」を起こすことは難しいと私は思っている。

次節以降で、ひとつずつ解き明かしていこう。

2 第一のこだわり「適社性」にこだわる

ロジックの「落とし穴」

戦略コンサルタントの仕事は変革実現のための戦略シナリオを策定し、その実行、実現を支援することである。

戦略には「階層」がある。

全社レベルの大戦略（グランド・ストラテジー）から始まり、事業戦略、機能戦略、そしてオペレーション戦略など、それぞれの「階層」ごとに戦略を策定する必要がある。

戦略とは「競争に勝つためのシナリオ」のことである。つまり、戦略は「これなら勝てる」という合理的なものでなくてはならない。

だからこそ、戦略コンサルタントはロジックを重視する。

徹底的に理詰めで考え、勝利のための合理的な戦略を導き出すことが求められる。

しかしロジックには、いくつかの「落とし穴」があることに注意しなければならない。

❶ロジックはひとつではない

ひとつめは、「ロジックはひとつではない」ということである。

たとえば、合理的に物事を考えるといっても、供給者の立場で考えるロジックと需要家（顧客）の立場で考えるロジックには、天と地ほどの違いがある。

苦境に陥る会社の最大の問題のひとつは、「自分たちは合理的にやっている」と思い込んでいることにある。自分たちの理屈だけで物事を考え、それを押し通そうとする。

ある立場の人にとっては「理屈が通っている」ことも、違う立場の人から見れば「屁理屈」にしか聞こえないなんてことはいくらでもある。

❷理詰めで考えるほど、答えは同質化する

2つめは、理詰めで考えようとすればするほど、導き出される答えは同質化してしまうことである。

自分が考えることは、ほかの人も同じように考える。自分が思いつくことは、ほかの人も思いつく。

一見、ロジカルに考えているように見えても、じつは通り一遍の薄っぺらいロジックにすぎず、まったく差別化されていない戦略に陥ってしまうのである。

Ⅴ 「戦略の不適合」で大きな痛手をこうむった事例

あるクライアントE社の経営幹部から聞いた失敗談を紹介しよう。

［ケース❹］

準大手機械メーカーE社の「他社の戦略をそのまま真似る失敗」

E社は規模は中程度だが、ユニークな製品をもつ機械メーカーである。そのE社が過去に某戦略コンサルティングファームに依頼し、成長戦略策定の支援をしてもらった。

そのときに提言を受けた内容というのは、なんと同じ業界の最大手企業が取り組んでいることと、ほぼ同じものだったという。

ベストプラクティスという「はやり言葉」に踊らされ、他社の戦略をそのまま「パクった」のである。

E社の社内では、競争している他社の戦略をそのまま丸呑みすることへの抵抗や実現性に対する疑問を呈する意見も多かった。きわめてまっとうな反応である。

にもかかわらず、経営陣はその提言をほぼそのまま盲目的に受け入れ、実行しようと試みた。

しかし、体力的にも能力的にも、E社がその戦略を実現することは困難であり、現場は大混乱に陥った。まさに戦略が「暴走」したのである。

結局、その戦略は途中で頓挫し、E社はきわめて大きな痛手をこうむった。


こうした状況を「戦略の不適合」と呼ぶ。E社に限らず、コンサル会社の提言を鵜呑みにし、不釣り合いな戦略で失敗する事例は多い。

一見もっともらしく聞こえても、ほかの会社で通用したロジックがそのまま自社で通用することなど基本的にはありえない。

▼ そのクライアントに「最適なロジック」を組み立て、戦略を策定する
――「一般解」ではなく「個別解」を追い求める

だから、私は「適社性」にこだわってロジックを組み立てるようにしている。

「適社性」とは、そのクライアントに最も適したロジックにもとづき、「勝てる戦略」を導き出すことである。

「一般解」ではなく「個別解」を追い求めることである。

「適社性」の高い戦略は、その会社の特性に適合したものであり、実行可能性が高い。当たり前のことなのだが、「適社性」を担保するためには、クライアントのことを深く理解することが不可欠である。にもかかわらず、それを軽視するコンサルタントはきわめて多い。

その会社の強み、弱み、得意なこと、不得意なこと、質・量両面での経営資源の状況、そしてその会社の文化や風土、体質など、クライアントを徹底的に知ることなしに、最適なロジックを組み立てることなどできない。

第4章で紹介したC社（123ページ）においても、C社のこれまでの「成功の方程式」を認識し、それを踏まえたうえで「モノ＋サービス」という新たなビジネスモデルへの転換を模索している。

「モノかサービスか」という二者択一ではなく、「モノもサービスも」を追求することが、C社にとっては合理的な戦略だったのだ。

「適社性」に対するこだわりは、ローランド・ベルガーというファーム全体のこだわりでもある。ローランド・ベルガーはそのビジョンとして「Creative strategy that work」を掲げている。

これは「結果と実効性を伴う創造的戦略策定」という意味である。

ビジネスの現場では、「一般論」や「正論」など何の役にも立たない。

「やってみよう！」と現場を奮い立たせ、実行につながる戦略こそが「正しい戦略」なのである。

3 第二のこだわり「ファクト」にこだわる

▼「数字で話をする」癖をつける

ロジックを組み立てる際に不可欠なものが、「ファクト」（事実）である。

いくらロジックを組み立てても、エビデンス（証拠）という裏付けがなければ、「ロジック」とは呼べない。

BCGでの駆け出しコンサルタント時代に、ある外国人パートナーに「証明しろ」（Prove it!）と問い詰められたエピソードを紹介したが、彼が求めていたのは、まさに「ファクトという裏付けのあるロジック」だった。

ファクトというと、多くの人は「データ」（数字）をイメージするかもしれない。

たしかに、戦略コンサルタントにとってデータはきわめて有効な「武器」である。

戦略コンサルタントには経営を論理的、科学的に解明し、最適解を見出そうとする求道者のような姿勢が求められる。

そのためには、データを集め、解析し、自らの主張、提言を証明するための分析スキルの習得が必須である。

戦略コンサルタントはすべての事象について「数字で話をする」癖を身につけなければならない。

証明に足るだけのデータを「つくり出す」スキルも必要

しかし、クライアントを説得するために必要なデータがすべて揃うとは限らない。肝心なものほどデータがないということは、頻繁に起きる。

そんなときには、データがないところから、データを「つくり出す」スキルも必要となる。「データがないから証明できません」というのでは、戦略のプロとは言えない。

たとえば、顧客アンケートなどを実施し、証明に足るだけのサンプルを集め、データを「つくり出す」こともよく行う。

こうしたデータのことを、英語で「ballpark figure」という。「当たらずとも遠からずの数字」「おおよその見積もり・推計値」を意味する言葉である。

ballparkとは「野球場」のこと。

球場内であればボールがどこに飛んだとしても、球場外に出ることはなく、大差はない。

つまり、実際もその想定（野球場）から遠くないことを意味している。

たとえば、先に紹介したB社の提携戦略プロジェクト（121ページ）では、提携先候補であるX社に関する詳細なデータは入手できていなかった。

しかし、私たちは公表されているデータに加えて、定性情報に一定の仮定を置いたうえで、提携効果についての初期的なシミュレーションをさまざまな角度から行った。

その分析は、提携の大戦略を立案するうえで、きわめて効果的だった。

V 足で稼ぎ、決定的なファクトを見つける
――「未来の予兆」から戦略ストーリーを組み立てる

データが重要であると言っておきながら、矛盾することを指摘するようだが、データだけに依存するのもまた危険である。

データはファクトのきわめて重要な一部であるが、全部ではない。むしろ、データはファクトという「大きな海」の中の「小さな入り江」にすぎない。「入り江」だけ見ていて、「大海」を理解したことにはならない。

経営においては、データにあらわれていないファクトにこそ、未来を探るヒントが隠されている。「未来の予兆」はデータとしてあらわれていないファクトにこそ潜んでいる。

私は戦略コンサルタントとして「足で稼ぐ」ことにこだわってきた。

自ら現場に赴き、自らの眼で見て、自らの耳で聴き、自らの肌で感じる。そうして集めた断片的なファクトからロジックを組み立てることを心がけてきた。

データだけでロジックを組み立てようとするのは、とても危険である。

未来を予感させるファクトをもとに戦略ストーリーを組み立てることが、真の差別化につながるのである。

4 第三のこだわり 「概念化・構造化・言語化」にこだわる

▼ 考えて、考えて、考え抜く——脳みそから汗が出るほど考える

戦略コンサルタントは実行の当事者にはなりえない。実行するのは、あくまでもクライアントである。

実行の当事者ではないコンサルタントが描く戦略は、とかく「絵空事」「空理空論」になりがちである。「戦略コンサルタントは役に立たない」という批判の声は、こうした現実から生まれている。

ならば、戦略コンサルタントは、どのように付加価値を高めればいいのか。

その答えは、「考える」ことである。

しかも、人並みに考えるだけでは十分ではない。考えて、考えて、考え抜く。脳みそから汗が出るほど考える。

戦略コンサルタントが付加価値をつけるための具体的な方法論はこれしかない。

批判を承知のうえであえていえば、多くの企業はじつはあまり深くは考えていない。いや、「深く考えなくてもすんでしまう」と言ったほうがより正確かもしれない。

もちろん、なかには深く考えている役員、社員もいるが、多くはこれまでの成功体験の上に胡坐《あぐら》をかき、過去の思考パターンの中で日々をやり過ごしている。

それでは、新しい発想、創造的なアイデアが生まれてくるはずがない。

Ⅴ 「知的タフネス」がクライアントに付加価値をつける

「深く考えなくてもすんでしまう」は私自身の体験談でもある。

10年間、大手電機メーカーで働いたが、若造の私から見ても、考えている社員は本当にわずかだった。

いまから思えば、かくいう私もそのひとりだった。

だから、BCGに入社して、戦略コンサルタントになったときに、私は愕然とした。自分がそれまでほとんど何も考えていなかったことに、はじめて気がついたのだ。

上司を無能呼ばわりして批判し、自分だけは考えているつもりだったが、それは所詮「つもり」だった。

成功した大企業は仕組みが出来上がっているので、それほど深く考えなくても、目の前の仕事はなんとかこなせる。毎月、給料ももらえる。

そして、いつの間にか組織全体が「思考停止」状態に陥ってしまうのだ。

そんなクライアントに対してコンサルタントが付加価値をつけるためには、考えて、考えて、考え抜くしかない。

クライアントが抱えている問題の本質は何か、それを解決するためにはどうすればいいのか。頭から煙が出るほど考えなくては、妙案は生まれてこない。

「知的タフネス」こそが、この仕事を支えている。

5 優れた戦略コンサルタントは「3つのスキル」を例外なく磨いている

考えに考え抜いて、妙案を思いついても、それを適切に表現することができなければ、クライアントには伝わらない。

その際に、求められるのが「概念化」「構造化」「言語化」という3つのスキルである。

優れた戦略コンサルタントは、例外なくこの3つのスキルを磨いている。

❶概念化

自らの意見、アイデアを「ひとつのまとまったコンセプトに整理する」ことである。シンプルだが本質を突いた説得力のある骨太の主張、コンセプトに落とし込み、まとめ上げる力が必要である。

❷構造化

自らの意見やアイデアの合理性、妥当性を示すために、ファクトやエビデンスといった裏付けを「構造的、体系的に示す」ことである。

これによって自らの主張の裏付け、全体像が明確になり、説得力が高まる。

❸言語化

自らの意見やアイデアを「最適な言葉で表現する」ことである。

いくら価値ある主張でも、通り一遍の陳腐な言葉で述べられたのでは、相手には響かない。

この3つのスキルは、戦略コンサルタントにとって欠かすことのできないコアスキルである。

自らの思考や主張を論理的に組み立て、表現する技術を身につけなければ、「一流の触媒」にはなりえない。

5 第四のこだわり「膝詰め」にこだわる

「壁打ち相手」として「主観」をぶつける
——究極のコンサルティングは「主観と主観のぶつかり合い」

どれほど優秀な人間であっても、自らの頭だけで考えていたのでは限界がある。だから、私はクライアントと徹底的に議論することにこだわってきた。

クライアントの経営幹部と真正面から向き合い、意見を戦わせる。

そうした議論のことを私たちは「膝詰め」と呼んでいる。まさに膝と膝を突き合わせ、徹底的に議論を戦わす真剣勝負の場である。

他社との提携の大戦略を検討したB社のプロジェクトでは、ほぼ2週間に一度、社長と2〜3時間のミーティングを重ねた。私たちが分析したファクトや仮説を共有しながら議論を深め、提携の方向性を固めていった。

B社の事例に限らず、私はよく大企業の経営トップから「遠藤さん、悪いけど少し議論に付き合ってよ」と声をかけていただく。

「少し」といいながら、たいていは3時間、4時間という長丁場になるのだが、「ディスカッション・パートナー」として選ばれるというのは、とても光栄なことである。

たとえれば、ボクシングの「スパーリング・パートナー」、テニスの「壁打ち相手」のようなものである。

どんなに優秀な経営者でも、自分の頭だけで考えていては必ず煮詰まる。

社内に「壁打ち相手」がいればいいが、社長と「壁打ち」ができる人はそうはいないだろう。しかも、同質的な思考パターンの人が多く、刺激に乏しい。

「壁打ち相手」として、私は真剣に向き合う。

私が思うところ、つまり「主観」をぶつける。相手の経営者も「主観」で打ち返してくる。

相手は、私の「客観的な意見」や「評論家的なコメント」なんて期待していない。「遠藤さんだったらどうする?」を聞いてくる。

究極のコンサルティングは、「主観と主観のぶつかり合い」だと私は思っている。

「触媒」の真の付加価値は、「膝詰め」の議論から生まれるのである。

「膝詰め」の議論は、「納得性」の醸成にもつながる

「膝詰め」の議論は、クライアントにとっての最適解に近づくプロセスであると同時に、「納得性」の醸成にもつながる。

経営における戦略とは、所詮「仮説」にすぎない。

どれほど精緻にロジックを組み立て、さまざまなファクトで証明しようが、そこから生まれた戦略は、まだ「仮説」の域を出ない。

合理的でユニークな戦略を策定することは大事だが、最後はやってみなければわからない。

つまり、クライアントが「やってみよう！」と思わなければ、どんなに秀逸な戦略を立てようが、結果にはつながらない。

「適社性」の高い戦略とは、「合理性」「実行性」「納得性」の3つの要素が担保されたものである。

とりわけ重要なのが、「納得性」である。

クライアントの役員、社員たちが議論の果てに「腹落ち」し、「よし、やってみよう！」と思えるかどうか、これが変革の成否に直結する。

先に紹介したD社の業務改革のプロジェクト（125ページ）では、当初現場の社員たち

はプロジェクトそのものに懐疑的だった。

トップダウンでプロジェクトが始まり、ただでさえ忙しいのに「やってられない」という不満の声も聞こえた。

そんな中で、常駐したローランド・ベルガーのコンサルタントたちは、毎日、D社の中核メンバーたちと議論を繰り返した。

私たちが分析した結果を示し、生産性や効率性を高めるために何が必要なのかをぶつけた。そして、足元のできるところから業務改革を始めようと働きかけた。

ある時点から、クライアントのプロジェクトメンバーたちのまなざし、顔つきが変わった。

これまでは「やれない理由」ばかりをあげつらっていたのが、「どうすればできるのか」を考えるようになった。

メンバーたちは業務改革の必要性に納得し、「自分たちがやらなければ」「自分たちにもできる」という責任感と当事者意識、そして自信をもちはじめていたのだ。

6 第五のこだわり 「現場」にこだわる

▼「遠藤さんは現場の味方だから」——私が「現場」にこだわる理由

ある会社の役員の方が「遠藤さんは現場の味方だから」と話されるのを聞いたことがある。

それを聞いて、私は「なるほど、私はそう見られているんだ」と気づいた。

たしかに、クライアントの本社の会議室でしかめっ面した経営幹部の人たちと議論するよりも、現場にいるほうが楽しいし、ワクワクする。私は現場が大好きだ。

しかし、私は盲目的な現場主義者ではない。

むしろ、放っておいたら「現場は腐る」とさえ思っている。

現場は元来、近視眼的で、刹那的なところだ。現場には「慣性の法則」が流れているので、基本的には何も変えたがらないし、新しいことはやりたがらない。

それが現場の本質だ。

日々の業務遂行には安定性が求められる。一方、変化や挑戦にはリスクが伴うし、抵抗勢力もいる。

だから、「何もしない」「何も変えない」のが最も無難で、楽なのである。

それでも、私は日本企業にとって、現場はとてつもなく重要だと信じている。

それは日本企業の現場には「現場力」という高い潜在能力が秘められているからである。現場自らが自主的、自発的、自律的に問題を発見し、解決する。そうした組織能力こそが「現場力」である。

これは他国の企業ではめったに見ることができない日本固有の競争優位だと私は思っている。

日本企業が熾烈なグローバル競争に打ち勝つためには、「現場力」という潜在能力を覚醒させ、競争力の柱に育て上げることが、最も合理的な道筋なのだ。

Ⅴ 現場こそ実行の当事者——戦略の「実行可能性」を重視する

どれほど理詰めの戦略を策定しても、それが実行に移され、結果を生み出さなければ、まったく価値はない。そもそも実行されない、実行できないような戦略は「合理的」とは呼べない。

ならば、誰が実行の当事者なのか。

それは紛れもなく現場である。

現場が、会社が目指すべき方向性を理解し、納得し、共感し、自分たちの役割をしっかりと果たす。それなくして、戦略の実現はありえない。

戦略実行の過程では、数々の困難や壁にぶつかるはずである。そうした局面でこそ、「現場力」の真価が試される。

現場自らが知恵を絞り、粘り強く壁を突破していけるか。それとも、壁を打ち破れずに頓挫するか。変革の成否はそこで明らかになる。

だから、私は戦略の「実行可能性」をとても重視する。

クライアントの現場に赴き、「現場力」のレベルを理解したうえで、戦略の方向性を検討する。

卓越した「現場力」をもつクライアントであれば、難易度の高い戦略でも実現にこぎつけるが、「現場力」が高くなければ、それを踏まえたうえでの戦略にせざるをえない。

私は多くのコンサルティングプロジェクトで、現場での講演会や研修会を行っている。そして、「現場力」の重要性について語るようにしている。それは、クライアントの「現場力」を正しく把握するためでもある。

業務改革の支援を行ったD社でも、幹部や管理職を集めた講演会を行い、「現場力」の重要性を訴えた。

すべてとは言わないが、多くの人たちが「現場力」という考え方に共感してくれ、当事者意識を高めてくれた。私はD社の現場に潜む「熱」を感じた。

戦略の実行性とは、戦略策定後に検討すべきものではなく、戦略の策定過程において考慮し、担保すべきものなのである。

▼「大戦略+微細戦略」が真の差別化につながる

私が「現場」にこだわるもうひとつの理由は、現場に新たな「戦略のヒント」が隠れているからである。

戦略を策定する際には、データ分析が重要であることはすでに述べた。

科学的な経営を志向し、合理的な戦略を立案するうえで、データが欠かせないことは言うまでもない。

しかし、データは所詮、「過去」の結果にすぎないのもまた事実である。

過去を踏まえて未来を予測しようとする姿勢は大切だが、過去の延長線上にない未来を創造しようと思えば、データはかえって思考の妨げになる。

C社の新規事業戦略のプロジェクトでは、エンドユーザーへのインタビューを徹底的に行った。何十ものエンドユーザーを訪ね、直接話を聞き、エンドユーザーの現場をつぶさに観察した。

そして、そこから新事業の「芽」を見出し、新たなサービス創出の可能性を探った。まさに「虫の眼」になり切ったのである。

そうした泥臭いアプローチから生み出す戦略のことを、私は「マイクロ・ストラテジー」

図表5◆1　「大戦略＋微細戦略」が戦略を非凡化させる

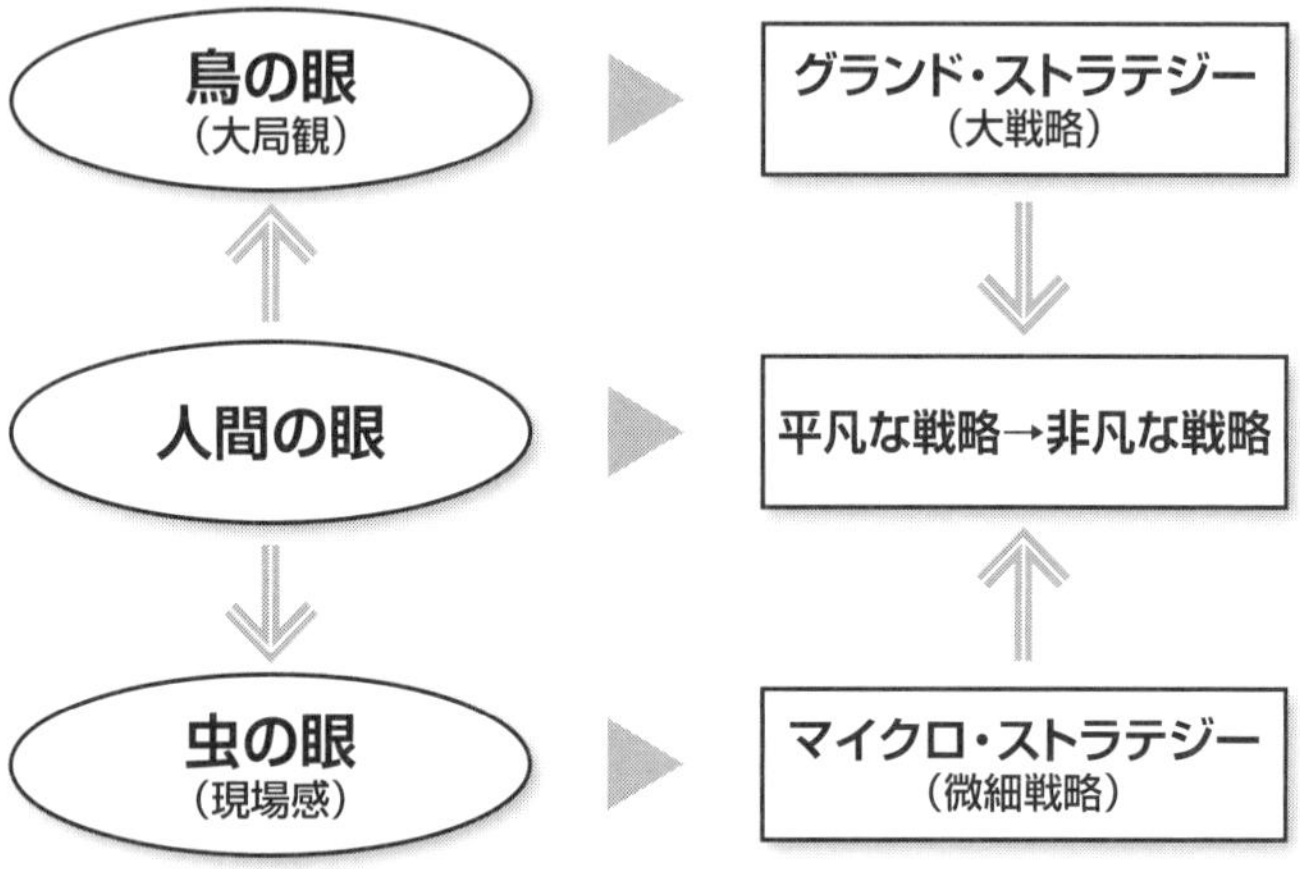

（微細戦略）と呼んでいる。「虫の眼」になり切り、現場を這いずり回り、そこで見つけたキラッと光る未来の可能性をもとに戦略を組み立てるのである。

真の差別化はみんなが見落としがちな「ちょっとした気づき」から生まれる。まさに「戦略は細部に宿る」のである。

本章の冒頭で、「大戦略なくして小戦略なし」と述べた。会社を変革へと導く骨太の戦略シナリオ、つまり「グランド・ストラテジー」（大戦略）が必要不可欠であることは言うまでもない。

しかし、「大戦略」という「幹」の根元には必ず「根っこ」がある。その「根っこ」こそが「微細戦略」であり、これこそが差別化の源である。

「鳥の眼」で大局的に立案した「グランド・ストラテジー」と「虫の眼」で現場感が担保された「マイクロ・ストラテジー」の両方が備わることによって、戦略は非凡化し、他社が容易には真似のできない模倣困難性につながる［図表5◆1］。

机にしがみつき、パソコンといくら格闘したところで、「微細戦略」のヒントは見えてこない。現場に身を置き、現場をつぶさに観察する。そこに「未来の予兆」は隠れている。

7 戦略コンサルタントを賢く使う6つのポイント

第I部を締めるにあたり、クライアントの立場に立って、戦略コンサルタントを賢く使うコツを紹介したいと思う。

私が戦略コンサルタントになった30年前と比べると、日本企業も随分と「コンサル慣れ」してきた。30年前は、一部の先駆的な企業のみが起用し、しかもその使い方も「こわごわ」だった。

いまでは、年がら年中コンサルタントを使い、逆に問題になっている会社もある。「自分たちの頭で考える」という基本を忘れ、中毒症状、依存症に陥っている会社も少なくない。

私はこれまで約100社のクライアントとお付き合いし、約200のプロジェクトに関わってきた。その経験を踏まえると、戦略コンサルタントの使い方には、会社によってとても大きな違いがある。

外部の力を上手に使っている会社もあれば、使い切れていない、もしくは使い方を間違っているケースもある。

「触媒」としての戦略コンサルタントを賢く使うための6つのポイントを紹介しよう。

ポイント1 必要なときに使う、必要でないときには使わない
——先の読めない混迷のときだからこそ、「触媒」の役割は大きい

自分で料理をしようと思えば、「切れ味のいい包丁」が必要である。でも、料理をしないのであれば、包丁は必要ない。

経営においても、5年に一度、10年に一度の大きな変革時に、外部の戦略コンサルタントを起用するのは、きわめて効果的である。

すでに述べたように、欧米では変革時には戦略コンサルタントを起用するのはいわば「常識」である。内部だけで変革を進めようとすること自体が不合理だと考えているのだ。

客観性、合理性、スピード感を担保するには、「アウトサイダー」としての戦略コンサルタントの起用は必須とも言える。

戦略コンサルタントに過度に頼るのは愚だが、活用しないのもまた愚である。

また、コンサルタントに課せられるミッションも変わりつつある。

これまでは、解決すべき問題が比較的明確だったが、先の読めない混迷の時代を生きるクライアントは、そもそも何が問題なのかさえはっきりしない前例のない状況にある。

そんなときだからこそ、「触媒」が果たすべき役割は大きい。コンサルタントはこれまでの「問題解決型」から「問題発見型」「問題設定型」へと進化しなくてはならない。

ポイント2 「コスト」ではなく「投資」と考える
——正しく賢く使えば、リターンは大きい

戦略コンサルタントを起用するにはそれなりのお金がかかる。これをコストとして考えるから、躊躇してしまう。

しかし、変革時の戦略コンサルタントの起用は、投資以外の何物でもない。正しく賢く使えば、そのリターンはけっして小さくない。

そんな事例を私はいくつも見ている。

新規事業の立ち上げに成功し、大きな利益を上げた会社、業務改革で大幅なコストダウンを実現した会社、とてつもないスピードで変革を実現させた会社など、タイムラグはあるが、大きな経済的リターンにつなげている。

投資に逡巡するのではなく、どうしたら投資金額をはるかに超えるリターンを上げるこ

とができるかを考えることが大切である。

ポイント3 「目的」と「相性」で使い分ける

それぞれの企業に文化や風土の違いがあるように、戦略コンサルティングファーム各社にも、それぞれのスタイルや個性がある。

コンサルティングのプロセスにおいては、人間と人間がまともにぶつかり合う。だからこそ、会社と会社の相性はとても大切だ。

自分の会社に合った会社を選択するためには、複数の会社に提案してもらい、競わせることが一般的である。これを「ビューティ・コンテスト」と呼ぶ。

また、相性だけでなく、それぞれのファームの専門性も正しく認識する必要がある。「料理をつくるには包丁がいる」と述べたが、刺身を切るには刺身包丁、肉を切るには肉切り包丁が必要だ。

プロジェクトの目的、テーマと合致した変革パートナーを見つけることが肝要である。

ポイント4 相性のいいコンサルタントは使いつづける

「使い分ける」ことと矛盾するようだが、ひとたび相性のいい優れた戦略コンサルタントと出会ったら、長く付き合うのが得策だ。

その会社の歴史や背景、文化、体質などを理解しているので、提言や助言の妥当性は間違いなく高まる。

私には、困ったとき、悩んだときに、経営トップが「遠藤さんに相談しろ」と言っていただけるクライアントがいくつもある。そう言っていただけるのは、コンサルタント冥利に尽きる。

どんな仕事も同じだが、意気に感じれば、コンサルタントはクライアントのために、じつによく働く。

ポイント5 経営トップ自らがコミットする ——「ディスカッション・パートナー」として使う

私が関与し、大きな成功を収めたプロジェクトに共通するのは、経営トップ自らがプロジェクトにコミットし、時間を使ったことである。

コンサルタントとの接触頻度も高く、密度の高いコミュニケーションの時間を確保していただいた。

経営トップの思いを直接聞き、コンサルタントとしての意見も直接ぶつけることによって、柔軟に軌道修正を行うことができた。

逆に、思うような成果を出せなかったプロジェクトでは、事務局の忖度などもあり、経営トップとの接触頻度が限定的だった。

事務局任せにするのではなく、経営トップ自らが戦略コンサルタントを「ディスカッション・パートナー」として使うことが、変革の成功への近道である。

ポイント6 社員を前面に出す
——役割分担をし、社員たちをその気にさせ、変革を前に進める

戦略コンサルタントを起用する変革プロジェクトでは、中間報告会や最終報告会でコンサルタントがプレゼンするのが一般的である。

しかし、最近では実行の当事者である役員や社員たちが経営陣にプレゼンするケースも増えており、私はそれを推奨している。

振り付け役は私たちが務めるが、役員や社員自らがプレゼンすることによって、実行へのコミットメントは間違いなく高まる。

もちろん、内容的に「アウトサイダー」である私たちがプレゼンしたほうがいいときは、私たちが前面に出る。社外だからこそできる「聖域への切り込み」や「直言」は私たちの重要な任務である。

大切なのは、役割分担をしながら、関係する人たちを巻き込み、その気にさせ、変革を

力強く前に進めることである。

❖戦略コンサルタントという職業の誕生

▼戦略コンサルティングファームの多くは、米国で1920年代以降に創設されている。米国に巨大企業が生まれはじめ、高度なマネジメントが求められるようになった。一方で、ビジネススクールから数多くの経営人材が輩出され、コンサルタントという職業が生まれた。

▼戦略コンサルティングファームは「会社」ではなく「プロフェッショナル・ファーム」である。つまり、戦略コンサルタントはプロフェッショナルでなくてはならない。

▼買収・合併により巨大なメガ・ファームが生まれる一方で、ブティック型の少数精鋭のコンサルティングファームも健在である。

❖戦略コンサルタントの価値とは何か

▼欧米では企業変革時に「アウトサイダー」としての戦略コンサルタントを起用することは「常識」である。「インサイダー」だけで変革を進めることは不合理だと考えられている。

▼戦略コンサルタントは「CEOアジェンダ」に関与する。クライアントの未来を左右するきわめて重大な局面で起用される。私たちは「変革のプロ」でなくてはならない。

▼変革を正しく進めるには、押さえるべき「ツボ」がある。クライアントの特性や状況を見極め、「ツボ」をしっかりと押さえ、変革を前に進めるのが、戦略コンサルタントの仕事である。

▼戦略コンサルタントは「異質な存在」であることが付加価値の源泉である。そのためには、独立性、客観性、専門性を充たす必要がある。

▼戦略コンサルタントという仕事の本質は「触媒」である。クライアント内で「化学反応」を起こし、変化を加速させ、企業変革を実現する支援を行う。

▼「触媒」が果たすべきミッションは、クライアントを「その気にさせる」ことである。そのためには、「変革の方向性を定める」「変革に向かわせる」という2つの任務を遂行しなければならない。

▼戦略コンサルタントにとってなにより大切なことは、物事の本質を見抜き、シンプルだが骨太の変革シナリオを描くことである。大戦略なくして小戦略なし。

▼「触媒」としての私のこだわりは、「適社性」「ファクト」「概念化・構造化・言語化」「膝詰め」「現場」の5つである。

▼「鳥の眼」によるグランド・ストラテジー（大局観）と「虫の眼」によるマイクロ・ストラテジー（現場感）の両方が揃うことで、真に差別化された戦略シナリオが生まれる。

▼先の読めない混迷のときだからこそ、「触媒」の役割は大きい。「問題解決型」から「問題発見型」「問題設定型」へと進化しなくてはならない。

❖戦略コンサルタントを賢く使うには、どうしたらいいか

▼戦略コンサルタントに過度に頼るのは愚だが、まったく活用しないのもまた愚である。賢く起用すれば、企業変革を加速し、大きなリターンを得ることができる。

▼戦略コンサルタントを賢く使うためには、「必要なときに使う、必要でないときには使わない」「『コスト』ではなく、『投資』と考える」「『目的』と『相性』で使い分ける」「相性のいいコンサルタントは使いつづける」「経営トップ自らがコミットする」「社員を前面に出す」の6つに留意すべきである。

第Ⅱ部

どうすれば「一流の触媒」になれるのか

第6章

「一流の触媒」になるための3つの条件

1 戦略コンサルタントに求められるもの

「触媒」の重要性はますます高まっている

第I部では「戦略コンサルタントの価値とは何か」について言及してきた。

私がこの仕事をしてきた30年だけを見ても、戦略コンサルタントが提供するサービスの価値や範囲、仕事内容は大きく変わってきた。

どんな仕事であっても、時代の変化、お客さまのニーズに沿って変わっていかなければ、その仕事の価値は失われていく。戦略コンサルタントという仕事も、時の要請とともに変わっていかざるをえない。

しかし、「戦略コンサルタントの本分は『触媒』である」というこの仕事の本質はなんら変わっていない。

むしろ、企業にとって変革の難易度、複雑度、スピード感が増す中で、「触媒」の重要性はますます高まっている。独立性、客観性のある「アウトサイダー」の存在は、きわめて重要である。

クライアントが変革を進めるきわめて重大な局面で、「触媒」として機能し、「化学反応」

を起こし、変革実現の支援を担う。あらゆる手段を駆使して、クライアントを「その気にさせ」、変革を成し遂げるお手伝いをする。それこそが「触媒」に課せられた変わらぬミッションである。

第Ⅱ部においては、そうした高度なミッションを遂行できる「一流の触媒」になるためにはどうすればいいかを中心に、求められる戦略コンサルタント像について考察したい。

「変革のプロ」に求められる2つの任務

すでに述べたように、「一流の触媒」はクライアントを「その気にさせる」ことができる。これこそが戦略コンサルタントが果たすべきミッションである。

そして、それを実現するためには、次の2つの任務を遂行しなければならない。

①変革の方向性を定める
②変革に向かわせる

これら2つの任務は、変革の実現を支援するという意味では「ワンセット」だが、本質的にはまったく異なるものであり、求められる資質や能力も異なる。

❶変革の方向性を定める→頭の知性（ＩＱ、考える力）

「変革の方向性を定める」ために主に必要となるのが、「頭の知性」、つまりＩＱである。論理的にものを考える、分析的にものを考える、徹底的に理詰めで最適解を導くなど、「左脳的知性」が求められる。

一般的に、戦略コンサルタントは「左脳の仕事」というイメージがあるだろう。たしかに、それなりのＩＱがなければ、戦略コンサルタントという仕事はできない。

しかし、戦略コンサルタントは「頭の知性」だけでできる仕事ではないこともまた事実である。

これがこの仕事の厄介なところであると同時に、面白いところでもある。

❷変革に向かわせる→心の知性（ＥＱ、感じる力）

「変革の方向性を定めた」うえで、クライアントを「変革に向かわせる」ために重要となるのが「心の知性」、つまりＥＱである。

「頭の知性」が「考える力」だとすると、「心の知性」は「感じる力」と言える。

クライアントの感覚や感情、情緒を鋭く知覚し、それに寄り添いながらコントロールするＥＱの高さ、つまり「右脳的知性」が必要となる。

いくら合理的な解を導いても、それをクライアントが受け止め、クライアントの心に響き、「やってみよう！」と思わせることができなければ、「触媒」としてのミッションを果たしたことにはならない。

クライアントの気持ちを理解し、寄り添い、どうすればクライアントがアクションに向かうかを考え、「その気にさせていく」思考力とプロの技法が求められる。

「頭の知性」「心の知性」の両方を駆使して、「その気にさせる」

戦略コンサルタントを「戦略のプロ」と定義するのであれば、ＩＱの高さだけでもやっていけるかもしれない。合理的な最適解を机上で導き出すだけなら、IQだけでも務まる。

しかし、私は戦略コンサルタントという仕事は「変革のプロ」でなくてはならないと信じている。とすれば、ＩＱだけでは務まらない。

マッキンゼーで長年ディレクターを務めた名和高司さんは、その著書の中でこう語っている。[1]

「提言は、それが実行に移されてなんぼの世界だ。相手をのけぞらせて、勝ったと言っても、反感を呼ぶだけで、相手がやる気にならないのだったら、元も子もない」

この言葉に私は大いに共感する。

「頭の知性」と「心の知性」の両方を駆使しなければ、クライアントを「その気にさせる」ことは不可能である。

2 プロフェッショナル・マインド（プロとしての自覚）

▼「頭の知性」と「心の知性」を同時に使いこなし、バランスをとる

さらに厄介なのは、IQとEQは、独立したものではなく、行ったり来たりしながら進めるべきものだということだ。

「頭の知性」と「心の知性」を使い分けるというよりも、この2つを同時に使いこなしながらバランスをとり、クライアントを「その気にさせる」ことが必要なのである［図表6◈1］。

たとえば、「変革の方向性を定める」局面においても、理詰め一辺倒というわけにはいかない。

ロジック一辺倒で導いた答えは、えてして凡庸なもので終わってしまう。

図表6◆1　「触媒」に求められる3つの条件

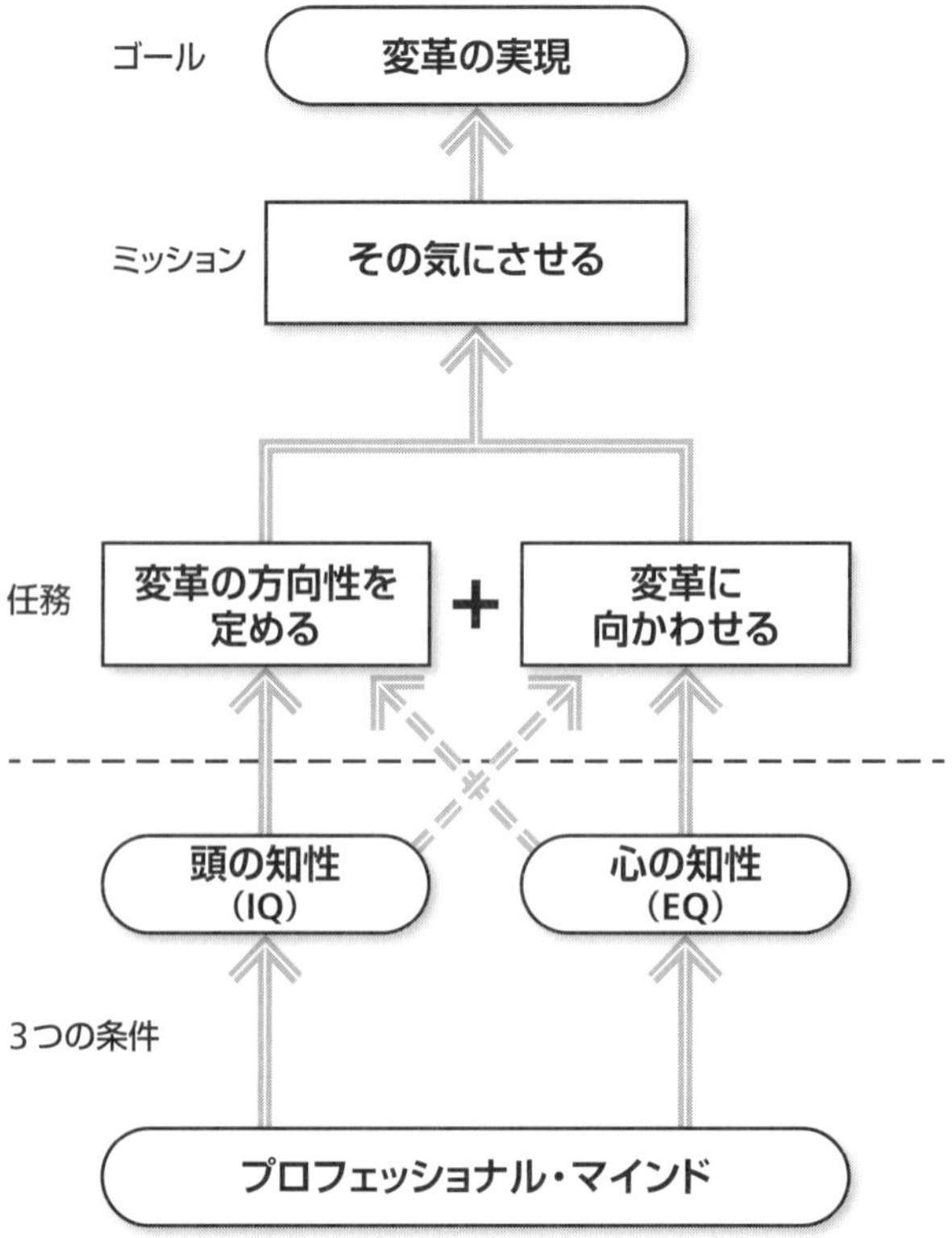

ロジックを超えた先にある直感やひらめきこそが、戦略をクリエイティブなものへと変換する。そのためには、「右脳的知性」が必要となる。

逆に、「変革に向かわせる」局面においては、クライアントの気持ちを理解し、寄り添うだけでなく、時には厳しく現実を直視させ、理詰めで追い込むことが必要な局面もある。だから、「変革の方向性を定める＝ＩＱ」「変革に向かわせる＝ＥＱ」と単純に色分けはできない。

Ⅴ 鍵は「脳」ではなく、「マインド」にある
――ＩＱ×ＥＱ×プロフェッショナル・マインド＝「一流の触媒」

それでは、どうしたらＩＱとＥＱを「行ったり来たり」使いこなしながら、クライアントを「その気にさせる」ことができるのだろうか。

じつは、その鍵は「脳」ではなく、「マインド」にある。

それを私は「プロフェッショナル・マインド」（プロとしての自覚）と呼んでいる。

戦略コンサルタントは「サービス業」である。

永遠の真理を突き詰める研究者でもなければ、科学者でもない。クライアントに評価していただけるサービスを提供することによって、対価をいただくサービスプロバイダーである。

「クライアントに成功してもらいたい、変わってもらいたい」という「ピュアなサービス精神」を常にもち、その実現のために自分の「役回り」を正しく認識し、その役割に徹することが「プロフェッショナル・マインド」である。

こうした気持ち、自覚、責任感こそが、戦略コンサルタントという仕事の根底になければならない。

つまり、クライアントを「その気にさせる」ことができる「一流の触媒」になるための3つの条件は、次のように表すことができる。

頭の知性×心の知性×プロフェッショナル・マインド＝「一流の触媒」

どんなにIQやEQが卓越した人でも、「プロフェッショナル・マインド」が欠けていれば、「一流の触媒」にはなりえない。

「アウトサイダー」としてすべきこと、「アウトサイダー」だからできること、「アウトサイダー」にしかできないことを常に認識し、なんとしてでもクライアントの変革を実現させる。そうしたプロフェッショナリズムこそが、クライアントを動かすのである。

❺ 堀さんとベルガーさんに共通する「空気を変える」力
——「よし、やってみよう!」と相手を奮い立たせる

第I部で語ったように、私は幸運にも二人の「本物の触媒」と出会うことができた。堀さんとベルガーさんである。

二人のIQとEQが並外れて高いことは言うまでもない。しかし、それだけで見れば、そんなコンサルタントはほかにもいるだろう。

二人を際立たせ、「本物」へと高めている源は、彼らの傑出した「プロフェッショナル・マインド」だと私は思っている。

肩書は戦略コンサルタントと名乗っていても、「プロフェッショナル」とはとても呼べない人たちがきわめて多い中、彼らは真のプロフェッショナルである。

結果にこだわり、成果をもたらすために自分の立場を知り、その役割に徹する。クライアントを成功に導くために、本気で寄り添い、本気で対峙する。

クライアントのために必要だと思えば、怒られようが、嫌われようが、厳しいことも口にする。

逆に、苦境を迎えているクライアントには、常にポジティブに励まし、けっして悲観的な態度はとらない。最善の道を探りながら、クライアントが必ず逆境から抜け出せると心

から信じている。

二人は国籍だけでなく、性格も持ち味もまったく異なる。

しかし、クライアントを前にして、強烈なオーラを放ち、「よし、やってみよう！」と奮い立たせる力は共通している。

二人がもつ「ピュアなサービス精神」は、彼らの言動に迫力と覚悟をもたらし、クライアントを「その気にさせていく」。ひと言でいえば、彼らは「空気を変える」ことができる。

これこそ真のプロフェッショナルだ。

「プロフェッショナル・マインド」が欠けていれば、どんなにＩＱが高くても、どんなにＥＱの感度が優れていても、何の役にも立たない。

「脳」を活かすのは、あくまでも「マインド」である。

第7章

「頭の知性」を磨き、使いこなす技法

1 なぜ会社は合理性を失うのか

「左脳人間」にもレベルの違いがある

戦略コンサルタントは「考える」のが仕事である。

クライアントの変革を実現するためにはどうすればいいのか、何が最も合理的な戦略シナリオなのかを徹底的に理詰めで考えなくてはならない。

当然、戦略コンサルタントには「頭の知性」、つまりそれなりのＩＱが求められる。

経済合理性が大前提であるビジネスの世界で、クライアントを納得させ、腹落ちさせるためには、「左脳」を駆使し、理にかなった提言、道筋を導き出さなければならない。

私は自分自身は「左脳人間」だと思っている。論理立てて物事を考えるのが好きだし、それなりの裏付けがなければ納得しない。

だが、「左脳人間」にもレベルの違いがある。

ＢＣＧに転職したとき、私はそれまでに見たことがないような地頭のいい人たちと出会い、愕然とした。

ものすごく頭の回転が速いのである。１を語れば、10を理解する。ＣＰＵ（中央演算処理装置）の性能が、私とは桁違いなのである。

「とんでもない世界に入ってしまった……」

私が大きな不安を感じたのは言うまでもない。

幸いにも「頭の知性」は訓練で鍛えられる

しかし、幸いにも「頭の知性」は訓練によって、ある程度鍛えることができる。生まれもった天才的な頭脳はなくても、戦略コンサルタントという仕事に必要なレベルの「頭の知性」は、努力すれば手に入る。

第2章で触れたが、私はBCGに入社した最初のころは、外資系の小粒のプロジェクトを数多くこなした。これが私にとってはうってつけのトレーニングになった。

外資系クライアントから依頼されるプロジェクトの基本は、ロジックとファクトによる「証明」である。

そこには感覚的、情緒的な要素が入り込む余地はない。徹底的にデータ分析を行い、メッセージを抽出し、ロジックを組み立てる。

ロジカルに物事を考えるとはどういうことか、数字やファクトで「証明」するためにはどうしたらよいのかなど、実践で「頭の知性」を磨いていった。

❺ 会社はいつの間にか「合理性を失ってしまう」

それでは、なぜ戦略コンサルタントには「頭の知性」、つまり「考える力」が求められるのか。

それはきわめて多くの会社が、いつの間にか「合理性を失ってしまう」からである。

利益を追求する会社は、経済合理的な存在でなくてはならない。徹底的に理詰めで考え、合理的な最適解を導き出し、適切に実行しなければ、ビジネスとしての成功は担保できない。

にもかかわらず、会社は合理性を見失い、いつの間にか不合理なことばかりがまかり通るようになる。

とくに、成功体験を積んだ大企業は、その傾向が顕著である。社内の「予定調和」ばかりを気にし、自分たちが環境の変化や外の世界とズレていることに気づかなかったり、気づいていても目をつむってしまう。

私が戦略コンサルタントになる前に10年間勤務していた電機メーカーは、その典型例だった。優秀な人材に恵まれ、素晴らしい技術を有しているにもかかわらず、業績ははかばかしくなかった。

その原因のひとつは、自分たちが得意ではない事業領域にまで手を広げたことにある。

経営としての合理性が担保されていなかった。

技術力が高いので、とりあえずそこそこの製品はつくれる。

しかし、「製品がつくれる」ことと「事業で成功する」ことはまったくの別物である。

しかも、そうした事業群は多大な投資が必要だった。結局、投資回収もできないまま、赤字を垂れ流していた。

一介の平社員だった私から見ても、「無謀」「無策」にしか見えなかった。

「この会社には合理的な戦略がない」と思わざるをえなかった。

▼ 会社が合理性を失う4つの理由 ――「自分たちは合理的にやっている」という思い込み

この会社に限らず、会社というところは知らぬ間に合理性を失っていく。

合理性が担保されていなければビジネスとしての成功はないにもかかわらず、とても合理的とは思えないことがいつの間にか決まり、おかしなこと、理屈に合わないことがまかり通っていく。

やっかいなのは、それでも「自分たちは合理的にやっている」と思い込んでいることである。誤った合理性に執着することが最も不合理であることに気がついていない。

なぜ会社は合理性を失ってしまうのか。

その理由は一様ではないが、主たる要因としては次の４つが挙げられる。

理由1 本質的に大事なものを見失ってしまう
――「論点整理」が不十分で、瑣末なことばかりに右往左往してしまう

ひとつめの要因は、会社の成長、発展のために「本当に大事なことは何か」が見失われ、どうでもいい瑣末なことばかりに振り回されてしまうことである。

どんな会社でも、さまざまな経営課題を抱えている。それぞれの課題は解決されなければならないが、当然そこには優先順位がある。

本質的な経営課題が放置されたまま、ほかの課題解決に取り組んでも、経営が抜本的によくなることはありえない。課題の「論点整理」ができていないので、大きな成果には結びつかない。

なかには、そうした本質的な経営課題が社内ではタブー視されていたり、聖域化されている場合もある。課題として認識されてはいても、社内だけでそこに切り込むことは難しい。

「本当に大事なこと」はけっして多くない。しかも、とてもシンプルだ。だからこそ、近視眼的になっているクライアントは見逃してしまいがちだ。

プロジェクトにおいて私たち戦略コンサルタントがまず最初に取り組むのは、「論点整

理」を進めながら、クライアントを成功に導くために「本当に大事なことは何かを見極める」ことである。

本質を見抜き、それを解決するための解決策を徹底的にロジカルに考える。これを「本質思考」と私は呼んでいる。

最も大事な「幹」に触らずに、「枝葉」のロジックばかりを追い求めても、真の課題解決には至らない。

理由2 「大きな理」が「小さな理」に負けてしまう——事業部目線にもとづく「部分最適」に陥る

2つめの要因は、全体よりも部分が勝ってしまい、小さな理屈の前に大きな理屈がないがしろにされてしまうことである。

たとえば、事業部制を敷いているような会社の多くは、基本的に事業部の力が強い。そして、それぞれの事業部には、過去の成功体験にもとづくそれなりの理屈がある。

しかし、その理屈はあくまでも事業部目線にもとづく「部分の理」であり、会社全体を踏まえた「全体の理」ではない。

カリスマ経営者などがいれば、求心力が働き、「全体最適」を志向するように是正されるが、求心力が弱いと遠心力が過度に効き、声の大きな「部分最適」がまかり通ってしまう。つまり、戦略的な全社統制がとれなくなってしまうのだ。

部分の集合が全体ではないことは、みんなわかっている。

にもかかわらず、会社全体を考えた「大きな理」が、個々の事業部の論理という「小さな理」に負けてしまうのである。

理由3 「未来最適」ではなく「現状最適」のみを追いかけてしまう
──「未来の理」が「目先の理」に負ける

3つめの要因は、目先の合理性ばかりを追いかけ、近視眼的な判断や決断ばかりに陥ってしまうことである。

経営は、未来を創造するものでなくてはならない。未来に向けて果敢に挑戦し、新たな価値創造を続けなければならない。

理には「目先の理」と「未来の理」がある。

いま現在最も合理的だと思うことが、未来においても合理的とは限らない。しかし、目先ばかりが優先されてしまうと、いつの間にかリスクをとらず、「現状最適」のみを追い求めてしまう。

そして、本来なら積極的な投資に振り向けるべきなのに、短期的な利益の最大化のために投資を控えるなどというチグハグなことが起きてしまう。

「現状最適」ばかりが優先され、「未来最適」が度外視されてしまうのだ。

理由4 「個別解」ではなく「一般解」に流れてしまう ——「できる」ことが「勝てる」ことに優先されてしまう

4つめの要因は、その会社にとって最も合理的なものを選択することができないことである。

第5章で触れたように、戦略策定においては「適社性」に配慮しなければならない。それぞれの企業に適合した実現可能な戦略を選択することが、真の合理性を担保する。

つまり、戦略は「個別解」でなくてはならない。

他社にとっては合理的であっても、それが自社にとって合理的とは限らない。にもかかわらず、自社に適しているとは思えないような「一般解」を安易に選択してしまう企業はきわめて多い。

たとえば、高い成長が見込めるような新分野は、たしかに市場としての魅力度は高い。しかし、「その市場に参入できる技術があるからやってみよう」という安易な判断は、とても合理的とは言えない。

私が勤めていた電機メーカーがそうだったように、「できる」ことが「勝てる」ことに優先されてしまうのだ。

オペレーションの分野も同様である。「ベストプラクティス」や「ベンチマーキング」という横文字の考え方が日本企業にも導入され、盲目的に他社の取り組みと比較し、真似るという手法を持ち込み、失敗した会社は数多くある。

他社の取り組みから学ぶ、参考にするという姿勢は大事だが、安易な模倣は思考停止であり、そこから真の合理性は生まれてこない。

合理性を失ってしまった会社ほど、コンサルタントの出番
——「理を取り戻す」支援をする

合理性を失ってしまった会社が、自力で合理性を取り戻すのは簡単なことではない。「論点整理」が十分にできておらず、足元のことばかりに右往左往し、本質的な課題を見失っている。

また、それぞれの部門、それぞれの立場の人が、それなりに考え、自分なりのロジックを主張するので、収拾がつかない。私から見れば「屁理屈」も多いのだが、自分では「合理的だ」と思っているから、かえって厄介である。

そんなときこそ、独立した立場で、客観的な助言ができる戦略コンサルタントを上手に活用すべきだ。

理を失ってしまった会社に、「理を取り戻す」支援をするのが、戦略コンサルタントという仕事の大きな柱のひとつである。

私たちはクライアントの変革を成功に導く「答え」や「ソリューション」をもっているわけではない。戦略コンサルタントだからといって、「魔法の杖」があるわけではない。

私たちの仕事は、クライアントとともに「最適な解とは何か」を問いつづけ、ベストな仮説をつくり、クライアントが実行に向けて動き出すように支援することである。

その際の最大の武器のひとつが、「アウトサイダー」としての客観的、本質的なロジックである。過去の成功体験や社内力学などに引きずられることなく、何がクライアントにとって最も合理的な解なのかだけを模索する。

少なくともプロジェクトの初期の段階では、徹底的に理詰めで勝負する。

さまざまなファクトを集め、多面的に分析を行い、何がそのクライアントにとって最も合理的な道なのかを探り、議論を繰り返す。

そうしたプロセスを経て、クライアントは徐々に合理性を取り戻していく。

真の合理性とは本音の議論、本気のぶつかり合いを経てこそ担保されるものである。

2 ロジカル・シンキングの「落とし穴」

ロジックだけで勝負するのは、とても怖い

戦略コンサルタントといえば「ロジカル・シンキング」（論理思考）の権化のように思われている。

たしかに、私たちは物事をロジカルに考えることを大切にし、そのロジックを「証明」するための分析力に磨きをかける。

それこそが、私たちにとっての「頭の知性」である。

しかし、ビジネスの世界においてロジックは万能ではなく、「落とし穴」があることも、私たちは常に自覚しなければならない。

すでに述べたように、BCGでの駆け出しコンサルタントのころ、私は外資系クライアントの小粒のプロジェクトを数多くこなした。

外資系のプロジェクトは、ロジックとデータ分析のみで勝負するといっても過言ではない。「頭の知性」を磨くためのトレーニングとしてはうってつけだ。

しかし、それは私にとって「ロジック一辺倒の怖さ」を知る経験でもあった。

データ分析とロジックで導き出された一見もっともらしい解が、最適な解とは限らない。「ロジック一辺倒の怖さ」を感じた実際のケースを紹介しよう。

〔ケース5〕

外資系消費財メーカーF社の「データ分析で導いた価格戦略」は本当に妥当だったのか？

ある外資系消費財メーカーF社のマーケティング戦略のプロジェクトだった。

F社はある商品で国内ナンバー1の市場シェアを有していたが、日本メーカーの追い上げによって、じりじりとシェアを落としていた。

日本メーカーはF社と同等の品質の商品を、F社よりも安い価格で提供し、攻勢をかけていた。

そんな状況下で、F社は日本メーカーを追随し、価格変更（値下げ）をすべきかどうかを思案していた。

私たちは「コンジョイント分析」という手法を用いて、価格戦略の方向性を探ろうとした。この分析手法は、商品の性能、品質、ブランド力、価格などを総合的に考え、最適な組み合わせを探る手法である。

大規模な調査ではなく、統計データとして信憑性に足る最低限のサンプルをインタビュー調査で集め、分析を繰り返した。

その結果、値下げをしてもシェアはそれほど回復せず、利益はかえって減ってしまうこと、また価格維持でも想定しているほどシェアは落ちないという結果が出た。

私たちはその結果をもとに、「価格の変更はすべきではない」と提言した。

価格と売上、利益の相関関係を示す分析チャートに、日本法人の社長は大きな関心を示し、インパクトは絶大だった。そしてF社は、私たちの提言どおりに動いた。

だが、私は一抹の不安を感じていた。

たしかに、私たちの分析では価格を変更しなくても、売上はそれほどは下がらず、値下げするよりも利益は確保できる。

しかし、それはさまざまな前提条件を置いたうえでのひとつの試算、仮説にすぎないのも事実なのである。競合相手が別の打ち手を講じたり、消費者の嗜好や選択が変わったりすれば、すべての前提条件は崩れる可能性がある。

実際、その後を辿ってみると、私の不安は的中した。

F社はシェアの低下を止めることはできず、数年後にはナンバー1を死守するどころか、いっきに3位にまで転落してしまった。

私たちのコンサルティングは、明らかに失敗に終わった。

▼ 表層的なロジックや分析を超えた大局観、洞察力こそ重要

私たちはなぜF社のシェア低下を食い止めることができなかったのか。
私たちはそれなりのファクトを集め、分析を行い、そこからロジックを組み立てたつもりだ。そのロジックは、次のようなものだ。

分析にもとづくと、該当する商品の価格弾力性はそれほど高くない。
↓
だから、多少の値引きをしても、シェアの増加にはつながらない。
↓
価格を下げたのに、シェアが増えないのであれば、利益は減る。
↓
ならば価格は据え置き、販促施策などで、シェアの挽回を目指すのが得策。

私たちはそれなりの理屈は通っていると判断し、社長に提言した。
しかし、そこには、いくつかの面で前提の甘さがあった。
ひとつは競合相手の動きを読み切れなかったことである。

じつは、競合する最大手の日本メーカーは、この後、さらなる値下げを実施してきたのだ。

ナンバー1ブランドを追い落とすために、彼らはなりふり構わぬ総攻撃をかけてきた。他社の値下げはある程度想定して分析は行っていたが、その動きは私たちの想定を超えていた。

さらに、私たちはプロジェクトを開始する際に日本法人社長が発言した「利益は減らしたくない」という言葉に縛られていた。

本社から明確な利益目標が与えられている彼にとっては、短期的な利益の確保は絶対外せない条件であることは理解できる。

しかし、競合メーカーは短期的な利益を度外視して、なりふり構わぬ勝負をかけてきた。それに対して、私たちは有効な手を打つことができなかった。

いまから思えば、短期的な利益を多少犠牲にしてでも、トップブランドの地位を守るという打ち手を講じていれば、また別の展開もありえたのかもしれない。

戦略コンサルタントにとって、ロジカルに考えることは必須である。

データ分析もなくてはならない道具立てである。合理的、科学的に物事を考えるという姿勢を、私たちはもちつづけなくてはならない。

しかし、過去もしくは現在のデータをもとに分析を行い、ロジックを組み立てたからといって、そこから未来が見えてくるわけではない。

表層的なロジックや分析を超えたダイナミックな大局観、世の中の変化を見抜く洞察力こそが重要なのである。

3 「クリエイティブ・シンキング」を志向せよ

「言っていることは間違っていないけど、面白くないんだよね」

ロジックの落とし穴は、「現実は机上の理屈どおりにはいかない」ということだけではない。

より深刻な落とし穴は、「理屈は通っていても、面白くない」というものだ。

駆け出しコンサルタントのころ、私自身も相当苦労した。

BCG時代にあるプロジェクトでパートナーだった井上猛さんに指摘された言葉を、私はいまでも鮮明に覚えている。

「言っていることは間違っていないけど、面白くないんだよね」

この言葉はぐさりと私の胸に突き刺さった。まったくもってそのとおりなのである。私が言っていることは、ロジカルで正論。だから、誰も否定はしないが、ユニークさやサプライズが欠けている。

私自身、その弱点を認識していた。大組織でのサラリーマンとしての習性が身についてしまっているからなのか、既成の常識に縛られ、大胆でユニークな発想が湧いてこないのだ。

井上さんはそれを「間違っていないけど、面白くない」と鋭く看破したのである。私は何の反論もできなかった。

結局、そのプロジェクトで、私は大きな貢献をすることはできなかった。「面白くない」と指摘されたものの、どうすれば「面白くできるのか」の答えが見つからないまま、プロジェクトは終わってしまった。

ロジカル・シンキングを超える「クリエイティブ・シンキング」を身につける

いま戦略コンサルタントに求められているのは、ロジカル・シンキングを超える「クリエイティブ・シンキング」である。

常識にとらわれない、斬新な発想、ユニークなアイデアを生み出さなければ、クライアントに付加価値をつけることは難しくなっている。

ロジックを突き詰めようとすると、結論はひとつの方向に収斂《しゅうれん》していく。

自然科学の世界では真理を突き止めるために、徹底的に理詰めで考えることは大切なことだが、ビジネスの世界では誰もが思いつくような同質的な答えに何の価値もない。

ロジカルに考えたうえで、その結論を超える何かを見出すためには、ロジックに「ひねり」を加えなければならない。「ひねり」こそ「面白い」と言われるための源泉である。

「ひねる」とは「物事を回転させて、異なる角度から考えてみる」という思考法だ。

「右脳」に長けた人は、直感的に「ひねり」ができる。ほかの人が思いつかないようなアイデアが、ごく自然に思いつく。普通の人とは異なる感性、感覚をもっていて、常識にとらわれない新しいこと、面白いことが頭に浮かんでくる。

そんな人と出会うと、うらやましいと思うが、残念ながら「左脳人間」の私にはそんな芸当はできない。

しかし、戦略コンサルタントという仕事をしている以上、常識的なロジックを超えた何かを生み出さなければ、クライアントを成功へと導くことはできない。

ロジカルに考えたうえで、ロジックを超える。それこそが、「クリエイティブ・シンキング」なのである。

「クリエイティブ・シンキング」6つの発想法

戦略コンサルタントは「発想を跳ばす」とか「Out of box」（箱から飛び出る）という言い方をよくする。

私のような平凡な「頭の知性」しか持ち合わせていない人間は、一見もっともらしいが、常識的で凡庸な発想に陥りがちである。

だからこそ、少しでもクリエイティブな発想ができるよう心がけている。

私が普段意識している6つの発想法を紹介しよう。

発想法1　「常識」を否定してみる――新たなアイデアは否定から生まれる

どの会社もそれぞれの会社の「常識」にいつの間にか染まってしまう。

「常識に染まる」とは、思考停止を意味する。何も考えずに、なんとなく「こんなものだ」と思い込んでいる。

クリエイティブな発想とは、そうした「常識」をあえて否定するところから始まる。

クライアントの会社で働く人たちにとっては当たり前になっている「常識」を洗い出し、あえてそれに疑問を呈してみる。

「常識」を否定し、疑ってかかり、それを打ち破ることから、新たなアイデアは生まれてくる。

［ミニ事例❶］

大手電機メーカーG社の「常識を打ち破る」コスト削減プロジェクト

大手電機メーカーG社のコスト削減プロジェクトでのことだ。

全社的にコスト削減機会を洗い出し、総点検を行った。

そのひとつが物流コストの削減だった。

その会社では長年、物流業務の大部分をアウトソーシング（外注化）していた。プロジェクトでは、外部にキャッシュアウトしている物流委託費を削減できないかということが、当初の論点のひとつだった。

しかし、私は「物流の自前化」の可能性も検討すべきだと提言した。

その会社には「物流を自前で行う」という発想はまったくなく、「外注するのが当たり前」と思い込んでいた。

だが、物流費が高騰し、さらには今後、物流機能が差別化の柱になりうる中で、「物流の自前化」という選択肢が中長期的に見れば検討に値すると私は考えたのだ。

実際、その後、自前化の検討が進められ、コスト面だけでなく自前化には大きなメリットがあることが検証された。

いまでは、自前物流を徐々に拡大し、効果を生み出しはじめている。

発想法2 「立ち位置」を変えてみる――その人の立場に「なり切ってみる」

ビジネスに限らず、人間は物事をひとつの方向からしか見ないというのが一般的だ。自分に見えている「景色」だけで物事を判断しがちだ。

しかし、同じものでも、「立ち位置」を変えて、違う角度から見れば、まったく異なるものに見える。

それが、新たな気づきや発想をもたらしてくれる。

たとえば、お客さまの立場に立って嬉しいことや困りごとを考えれば、新たな商品やサービスの気づきが生まれる。

競争相手の立場に立って考えてみれば、彼らが悩んでいること、やられたら困ることが思い浮かんでくる。相手のロジックを知ることが、戦略策定の重要なヒントにつながる。

意識的に「立ち位置」を変えて、その立場の人に「なり切ってみる」ことが新たな発想につながるのである。

［ミニ事例❷］

中堅消費財メーカーH社の「生活者」目線でのニーズの探り出し

中堅消費財メーカーH社では、ある新興国での市場開拓が思うように進んでいなかった。

その理由のひとつは、現地の消費者ニーズに合致した商品が開発できていないことにあった。

従来どおりの市場調査などは行っていたが、供給者目線を払拭することができず、真のニーズを捉え切ることができていなかった。

そこで、商品開発担当者が長期出張し、その国の消費者の日常生活に密着し、「生活者」の目線でのニーズを探り出すことにした。

ある家庭の生活に入り込み、何ヶ月もかけて生活実態を洗い出した。朝から晩までの一日の生活をつぶさに観察した。

それをもとに開発した商品は、消費者の大きな支持を得ることに成功し、驚きの売上を記録した。

「生活者の立ち位置」になったからこそ、消費者の実像、日々の営み、真のニーズが見えてきたのだ。

発想法3 価値を組み合わせ、複合化させる
――「価値の複合化」に必要なのは「編集能力」

イノベーションという言葉を使うと、「世の中に存在しないまったく新しい価値をゼロから生み出す」ことをイメージする人が多いだろう。

しかし、それだけがイノベーションではない。

既存の価値をベースにしながらも、そこに新たな価値を加えたり、ほかの価値と組み合わせることによって、まったく新しいものを生み出すことは可能だ。

これを「価値の複合化」と呼ぶ。異なる価値を組み合わせたり、パッケージ化することによって、新たな価値へと昇華、変身させるのである。

ゼロから新しいものを生み出すことは容易なことではない。それができる人材も限られている。

しかし、「価値の複合化」に必要なのは「編集能力」である。

既存の価値をベースにして、「組み合わせ」の多様性を考える。

それであれば、私のような凡人でもクリエイティブなものを生み出すことは可能だ。

［ミニ事例❸］

大手サービス会社I社の「サービス＋モノ」という発想転換

大手サービス会社I社における新規事業プロジェクトでのことだ。

当初は、サービスだけに限定して考えていたが、それだけでは発想が広がらないことに気がついた。

世の中の流れは「モノからサービスへ」だが、サービス会社にとっては「サービスからモノへ」という発想転換が重要であると私は考えた。

これまで提供してきたサービスにプロダクト（製品）を加えることによって、ワンストップショッピング的な価値を提供することが可能となり、顧客と「切っても切れない関係」を築くことができる。

また、サービスだけでは他社に簡単に模倣され、すぐに追随されてしまうリスクが高い。

そこにプロダクトを加えることによって、より高い参入障壁を構築することが可能となる。

実際、この会社はこれまで提供してきたサービスに関連する商品を供給する中堅メーカーの買収に動いた。

そして「サービス＋モノ」という「複合価値」を生み出すことに成功し、順調に成長している。

発想法4 逆張りをする――経営資源に劣る会社のセオリー

当たり前のことだが、会社は競争をしている。競争相手も競争に打ち勝つために必死である。

自社のロジックはもちろん大切だが、競争相手のロジックも推察する必要がある。

経営資源が潤沢な会社であれば、競争相手と同じロジックで戦っても、体力、総合力で勝つことができるかもしれない。しかし、そんな会社は限られている。

経営資源に劣る会社ほど、「逆張り」のロジックが不可欠である。

一般の常識では選ばないような異なる道をあえて選ぶことが、真正面からの競争を回避し、独自の道をつくることにつながる。弱者にとって「逆張り」こそ勝つためのセオリーである。

〔ミニ事例❹〕

中堅素材メーカーJ社の「アナログ」に注目した「逆張り戦略」

中堅素材メーカーJ社における中期経営計画を策定するプロジェクトでのことだ。これからの市場動向や経営環境の変化、テクノロジーの進展など、経営にインパクトを与える要素を整理したうえで、新たな事業機会の探索を行った。

このメーカーは、これまでも独自技術をベースにしたニッチ市場に特化することで、ユニークなポジショニングを確立していた。

大手メーカーが目をつける有望成長市場は回避し、大手にとってはあまり魅力的ではないが、けっしてなくならない市場に集中し、成功を収めてきた。

新中期経営計画で彼らが注目したのは、「アナログ」だった。

デジタル化の進展が加速する中で、デジタルの分野はあまりにも過当競争であり、最終的には大手しか勝ち残れないと彼らは見越していた。

デジタル化する世界の中で、彼らのもつ技術が活きる「アナログ」需要とは何か、どのようなニーズがあるのかを徹底的に掘り起こし、複数の新たな事業アイデアを生み出した。
大きな流れを読んだうえで、あえてその流れには乗らない。
J社は現在、独自の視点で新事業の掘り起こしに動いている。

発想法5 思い切って尖らせる――「尖り」は「選択と集中」から生まれる

経営の本質とは「際立つ」ことである。ほかの会社が真似のできないようなユニークな価値を生み出し、際立つ存在になることである。

「エッジが効いている」という言い方もある。

どこにでもある凡庸な会社ではなく、先鋭的、個性的な会社を目指さなければならない。

「際立つ」とは「尖り」である。

尖らせるためには、「あれもこれも」という総花的な発想を捨て、何かにこだわりつづけ、一剣を徹底的に磨き上げなければならない。

「尖り」は「選択と集中」から生まれる。何かを「捨てる」ことを恐れていては、「尖り」は生まれない。

他社が真似のできない「尖り」は、クリエイティブ以外の何物でもない。

〔ミニ事例❺〕

中堅化学メーカーK社の高付加価値製品に「戦略的に絞り込む」決断

中堅化学メーカーK社における事業戦略策定プロジェクトでは、「選択と集中」が大きな論点だった。

これまではお客さまの依頼にもとづき、「頼まれたものは何でもつくる」というのが基本的な考え方だった。

それによって、工場の稼働率も高まり、多少の赤字製品があってもトータルで見れば合理的と判断していた。

しかし、製品全体の収益性が低下するにつれ、赤字製品の赤字幅はさらに拡大した。赤字製品の生産を続けることによって、高収益製品の生産が追いつかないという大きな矛盾も露呈した。

K社はこれまでの「機会があれば何でもつくる」という方針を転換し、高付加価値製品に「戦略的に絞り込む」ことを決断した。

「何でもつくる」という百貨店型から、特色ある製品に「特化」するという専門店型に大きく舵を切ったのだ。

発想法6 未成熟なものに賭ける──未成熟とは「可能性」のことである

私たちは世の中の移り変わりの中で、ビジネスを営んでいる。

にもかかわらず、日常的な思考や判断は、その場その場の断片的な発想にとどまりがちである。

超短期的、近視眼的なものの見方だけでロジックを考え、結果として「新たな潮流」を見逃してしまいがちだ。

ある断面だけで見れば合理的な判断のように見えても、より長い時間軸で考えれば、まったく合理的ではないことはいくらでもある。

大事なのは、世の中の「新たな潮流」を読み解き、その大きな流れに沿った選択肢を選ぶことである。

「新たな潮流」にはリスクが伴う。未成熟な分野は先が読めず、どうなるかはわからない。

しかし、未成熟とは「可能性」のことでもある。

これまでの秩序や「ゲームのルール」とは異なる新たなチャンス、未来が潜んでいる。

未成熟なものの中にチャンスを見出す発想こそクリエイティブと言える。

［ミニ事例❻］

大手サービス業L社が行う「未成熟のニッチ市場」の洗い出し

大手サービス業L社の新規事業策定プロジェクトでは、健康関連分野への参入が検討された。

高齢化がますます進む日本において、シルバービジネス、シニア向けビジネスは間違いなく成長分野である。

その一方で、当然、競争も激しい。

健康関連分野には資本力のある大手も参入し、すでに勝負が決したような事業も増えている。

そうした中で、L社は事業ライフサイクルの萌芽期にあるビジネス、しかも中小の事業者が大半を占めている分散型の事業に着目した。

萌芽期のステージなので、本当にビジネスとして成り立つかどうかはまだ判断がつかないし、相応のリスクも存在する。

しかし、未成熟だからこそ、先手を打てばその分野のリーダーになれる可能性もある。

L社は「未成熟のニッチ市場」をいくつか洗い出し、実証実験や小型の買収を進め、そこで先駆者となる可能性を模索している。

4 「頭の知性」を磨くための5つのヒント

戦略コンサルタントに求められるＩＱは、科学者や研究者のように精緻な論理を組み立てていく知性とは異なる。

あくまでも熾烈な競争に打ち勝ち、ビジネスを成功に導くための「ビジネスＩＱ」である。

一見もっともらしい論理展開をしても、それがクライアントに刺さり、その気にならなければ、そのロジックには何の価値もない。

クライアントが「よし、やってみよう！」と思うような「筋のいいロジック」を組み立てるためには、どのように「頭の知性」を磨けばいいのか。

私が日ごろ大切にしている5つのヒントを紹介しよう。

ヒント1 「本当に大事なことは何か」を見極める ——「本質思考」で「骨太のロジック」を組み立てる

会社が合理性を失う理由のひとつとして、「本当に大事なことを見失ってしまう」を挙げた。しかし、それはクライアントに限ったことではない。私たちコンサルタントも枝葉末節にばかりこだわり、本質を見失ってしまうことがある。

ロジックの精度や分析の緻密さばかりに目が行き、いつの間にか肝心な「幹」を見失ってしまう。枝葉の議論ばかりに終始し、「本当に大事なことは何か」という視点を忘れてしまうのである。

「理屈をこねる」という言葉がある。

戦略コンサルタントは理屈を大事にしなくてはならないが、「理屈をこねくり回す」ことに陥ってはならない。

真の「頭の知性」とは、「本当に大事なことは何か」を見極める力のことである。本質を見極め、大局的な視点に立った「骨太のロジック」を組み立てなければならない。大切なのは「本質思考」である。

私は自分自身が関与するコンサルティングプロジェクトの中間報告や最終報告で、A4一枚程度のクライアント用のメモを用意することが多い。詳細なプレゼン資料はプロジェクトチームが準備してくれるが、クライアントの経営幹部に伝えたい私からのメッセージを整理したものだ。

内容的には「言われれば当たり前」のことも多い。

しかし、私が本当に大事だと思うことをあらためて伝え、意識付けすることに意味があると思っている。

ヒント2 世の中を「相関関係」と「因果関係」で見る

大学時代のゼミの指導教官だった田中喜助先生は、厳しい指導で有名だった。

先生も私も商学部という文科系の出身である、しかし、先生は合理性、科学性を重視する「左脳」の人だった。

その先生が教えてくれた言葉のひとつが、「世の中は相関関係と因果関係でできている」という言葉だ。

世の中の多くのことは「相関関係」で説明ができる。AとBの間にある相関関係を見つけることができれば、その後どのような結果が起きるかは推測できる。

もちろん、すべてのことが「相関関係」で説明できるわけではない。

そのときは、原因と結果を結びつける「因果関係」を解き明かせば、合理的な説明が可能となる。

学生時代の私はこの言葉に感銘した。「そうか、世の中のすべての事象をそうやって見ればいいんだ」とひとつの軸ができたような気がした。

この言葉は経営の合理性、科学性を追求しようとする戦略コンサルタントという仕事にも、そのまま当てはまる至言だと思っている。

ヒント3 「シナリオプランニング」を重視する
――「動的なシナリオ」を用意し、柔軟に対処

ビジネスにおけるロジックのもろさは、前提条件が変わると、いっきに崩壊するところにある。

自然科学のような「再現性のある絶対解」が存在しないビジネスという世界においては、絶対的なロジックなど存在しない。

だから、私は「緻密なロジック」よりも「骨太のロジック」を重視する。

理路整然とした一点の隙もないロジックは、どこか嘘っぽい。

それよりも、大きな流れを正しく読み解き、その中で進むべき方向性を間違えないことが、経営においてはなにより重要だと思っている。

ロジカルに考えようとする姿勢は大事だが、それ以上に私が重視しているのは「シナリ

オプランニング」である。

本章で紹介したF社における失敗事例のように、一見もっともらしいロジックを組み立ててても、会社を取り巻く環境が変化してしまえば、そのロジックは破綻してしまう。

静的、表面的なロジックに依拠するのではなく、環境変化を想定し、「骨太のロジック」を定めたうえで、いくつかの「動的なシナリオ」を用意し、柔軟に対処する。それこそが経営の正しいあり方だと思う。

「プランB」という言葉がある。

正攻法で立案した「プランA」に対して、不測の事態を想定したシナリオのことを「プランB」と呼ぶ。

企業環境が目まぐるしく変化するのが常態化する中で、経営に求められているのは、複数のシナリオを用意し、臨機応変に対応することである。

それこそが変化が激しく、先が読めない時代において勝ち残るための最も合理的な道と言える。

ヒント4 底の浅い合理性は、強固な信念にはかなわない

私はマザーハウスという小さな会社の社外取締役を務めている。

「途上国発のブランドをつくる」という理念を掲げ、バングラデシュでバッグをつくり、

日本をはじめとする複数の国の自社店舗で販売し、順調に業績を伸ばしている。いまでは、ネパールでスカーフ、スリランカやインドネシアでジュエリー、インドでシャツなどの衣料品を生産し、台湾、香港、シンガポールにも店舗網を広げている。海外も含めた社員数は600人を超える。

創業者である山口絵理子さんとは13年前に出会った。バングラデシュの委託工場で160個のバッグをつくり、日本で売ろうとしていた。

その話を聞いて、私は直感的に「これは絶対にうまくいかない」と思った。

それには私なりの合理的な理由がいくつもあった。

——バングラデシュという国で先進国の消費者が満足するような高い品質のバッグをつくることは難しいだろう。

——治安が悪く、社会インフラも整備されていないバングラデシュで生産するというのはリスクが大きすぎる。

——バングラデシュ製のバッグを数万円も払って日本の消費者が買うとは思えない。

しかし、結果だけを見れば、こうした理由は、ひとつも当てはまらなかった。

マザーハウスはバングラデシュの自社工場で先進国の消費者が満足する高い品質のバッグを安定生産し、何万円もするバッグを消費者は喜んで買い求めている。

つまり、私のもっともらしい理由付けは、完全に間違っていたのだ。

なぜ、こんなことが起きるのだろうか。

それは、私が「戦略」というレベルで物事を考えているのに対して、山口さんは「信念」というレベルで考えているからである。

戦略レベルで考えれば、「バングラデシュで生産する」という選択肢はきわめて難易度やリスクが高く、合理的な判断とは言えない。

しかし、彼女は「途上国発のブランドをつくる」という理念を掲げ、信念というより高次のレベルでバングラデシュでの生産を考えている。

だから、どんな困難があろうが、彼女はそれを乗り越え、実現させてきた。

一見、不合理に思えることであっても、信念の力でそれを突破することができることを、彼女は私に教えてくれた。

底の浅い軟弱な戦略は、強固な信念には絶対かなわない。

ヒント5 自分の「思考スタイル」を見つける
——「カミソリ」か「ナタ」か「カマ」か

「頭の知性」を磨くといっても、その思考スタイルは一様ではない。合理的に物事を考えるといっても、そのやり方には人それぞれの個性がある。

そのヒントをくれたのは、ＢＣＧ時代の堀さんだ。

あるとき、堀さんは私にこう教えてくれた。

「ＢＣＧにはべらぼうに頭がいい奴がいる。まるで『カミソリ』（剃刀）のように切れ味が鋭い。『カミソリ』では勝てそうもないので、俺は『ナタ』（鉈）を目指すことにした」

私から見れば、堀さんも十分すぎるほどの「カミソリ」なのだが、当時のＢＣＧには、たしかに頭の回転がべらぼうに速い、切れ味抜群のコンサルタントは多かった。

その中で、堀さんは自分流の左脳の使い方として「ナタ」を意識されたのだと思う。

「ナタ」のようにバサバサと力強く切り込んでいく。

「カミソリ」のような繊細な切れ味はないかもしれないが、大きな道を切り開く力強さとダイナミズムが「ナタ」の真骨頂だ。

その話を聞いて以来、私は自分に合った「思考スタイル」は何なのかを自問自答した。

そして、行き着いた答えは「カマ」（鎌）だった。

雑草などを刈り取るために必要な「カマ」。地味な道具だが、農作業の現場などでいい仕事をする。

そんな「カマ」こそが、自分には合っていると思ったのだ。

だから、私は現場にこだわってきた。

現場に足を運び、自らの眼で観察し、自らの耳で話を聴く。そうやって集めたファクトをもとに、自分なりのロジックを組み立てていく。それが私流のやり方になった。

ＩＱの磨き方、活かし方には、人それぞれ特色がある。人真似をするのではなく、自分に合ったやり方を見つける。それが、「頭の知性」を上手に使いこなす道である。

第8章

「心の知性」を磨き、使いこなす技法

1 なぜ「心の知性」が大事なのか

▼「頭の知性」と「心の知性」の両方を駆使しなければ、いい仕事はできない

前章では、「変革の方向性を定める」ために不可欠な「頭の知性（ＩＱ）」を磨き、活かすヒントについて考えてきた。

変革を実現するために、その会社に適した戦略シナリオを策定し、変革の道筋を明らかにすることが重要であることは言うまでもない。

だが、どんなに合理的なシナリオ、適社性の高い戦略が立案されても、それが実行に移され、クライアントが変化に向かわなければ「絵に描いた餅」である。

そして、「変化に向かわせる」ためには、「心の知性（ＥＱ）」の働きがきわめて重要である。

前章でも述べたが、「頭の知性」が「考える力」だとすれば、「心の知性」とは「感じる力」である。人の感覚や感情、情緒などに敏感に反応し、相手の受容性を高める能力である。

コンサルティングの現場においては、クライアントの感情を知覚し、それに寄り添いながら、その関係性をコントロールし、クライアントに「やってみよう！」と思わせることを意味する。

戦略コンサルタントは「変革のプロ」でなくてはならない。変革の実現を支援するためには、ＩＱとＥＱの両方を駆使しなければ、けっしていい仕事はできない。「Make it happen」の実現を支援することができてこそ、「真の触媒」である。

▼ 押したり引いたりしながら、変革に向かわせる

戦略コンサルタントという仕事において、「心の知性」の重要性はますます高まっている。理屈一辺倒では効果的な変革のサポートはできない。

しかし、相手を「その気にさせる」とはどういうことなのか、イメージができない人も多いかもしれない。

そこで、私が実際に携わった事例を、まずは紹介したい。

［ケース❻］

大手電機メーカーM社は、どのように「選択と集中」を進めたのか？

ある大手電機メーカーM社の中期経営計画策定プロジェクトに携わったときのことである。

プロジェクトの目的のひとつは、「選択と集中」にあった。

M社はそれまでの本業の成長が止まってしまい、新たな分野への参入を試みていた。しかし、どれも期待どおりには成長せず、新たな柱をつくることができないでいた。なかには、長年赤字が続いているにもかかわらず、放置されているような事業もあった。

そこで、戦略コンサルタントを起用して、各事業の事業性評価を行い、「選択と集中」を進めるというのが、プロジェクトの大きな目的のひとつだった。

最大の懸案は、ナンバー2の専務の肝いりで進めていたある新規事業だった。相当な投資をしていたにもかかわらず、結果が出ておらず、将来性も低いと判断せざるを得なかった。

私たちはさまざまな観点で客観的な評価を行い、その結果、その事業を「ただちに撤退」に分類した。

しかし、その専務が猛反発した。

彼には彼なりの思いがあった。「いま苦しくても、必ずこれはものになる、ものにする」と考えていた。

経営会議での議論では埒《らち》があかないと考えた私は、専務と一対一で食事をする機会をつくった。

専務は「この事業が難しいことは理解している。しかし、あるユーザーからの要請で始めたもので、そんなに簡単に匙を投げることはできない」と私に告げた。

そこで、私は専務にこう質問した。

「あと何年やれば、ものになるかどうか判断できますか?」

専務はしばらく考えてから「あと2年」と答えた。

私はその話を聞き、プロジェクトの主目的を「事業性評価を行い、やめるべき事業を明確にする」から「事業の撤退基準を明確にし、それを適正に運用する仕組みをつくる」に切り替えることにした。

それまでM社では事業の「撤退基準」が設定されておらず、赤字事業がダラダラと放置されるような状況に陥っていた。

「何をやめるかをいま強引に決める」よりも、「撤退の基準と運用を明確にする」ことのほうが、この会社の将来にとって重要だと判断したからだ。専務もその重要性については同意してくれた。

それから2年後、M社はその事業からの撤退を決断した。それを機に、不採算事業の整理はいっきに進んだ。

じつは、M社の社長は当初、私たちに「外部の客観的な眼で、事業性についての白黒をつけてほしい」と依頼してきた。社内だけでの議論に限界を感じていたのである。

ある意味、事業性評価自体は、それほど複雑なものではない。

さまざまな角度からの評価軸を設定し、客観的なデータ、ファクトを集め、分析すれば、それほど誤差のない範囲で評価はできる。

問題は、「人の心」の部分である。

外部のコンサルタントである私たちが、事業の立ち上げに懸命に取り組んできた人たちの努力を踏みにじるように、「儲からないからやめろ」「可能性がないから撤退だ」と叫んだところで、反発を招くだけである。

だから、私は専務と向き合い、その胸の内にある本音は何かを理解するように努めた。

私の意見、主張をぶつけるだけでなく、どうすれば専務は納得して「選択と集中」を進めてくれるのかを探った。

そして、そのために必要なのは、「白黒をつける」ことではなく「撤退基準を定める」ことであると判断した。

「何を生温いことを言っているんだ」と思う人もいるかもしれない。「外部の人間だからこそ『赤字事業は即刻やめるべきだ』と強硬に主張すればいい」という意見もあるかもしれない。

しかし、いくら正論を吐いたところで、相手がこちらの主張を受け止めないことには何も変わらない。

一見、回り道のように見えるが、その道を選ぶほうが結果として最も合理的だと私は考えたのだ。もちろん、社長にも事前に私の考えを説明し、了承をもらった。

変革は一筋縄では進まない。直線的に進めるだけでなく、相手の気持ちに寄り添い、押したり引いたりしながら、前に進めていく地道さや粘り強さも不可欠なのである。

◆「心が開く」と「心に響く」——2つの側面がある

「心の知性」とは、人の感覚や感情、情緒を読み取る力のことである。

コンサルティングにおいては、クライアントの感情を知覚し、それに寄り添いながら、働きかけ、変革に向かわせることを意味する。

つまり、クライアントの「頭」に働きかけるだけでなく、「ハート」（心）に働きかけることが不可欠なのである。

より具体的にいえば、「心の知性」は次の2つの側面で機能しなければならない。

①クライアントの「心が開く」（受容）
②クライアントの「心に響く」（触発）

❶クライアントの「心が開く」（受容）

「心が開く」とは、クライアントが私たちの提言を「受容」する準備ができている状態を指す。

どんなに理にかなったことを提言しようが、相手の心が閉じたままではこちらの提言は受け止められず、何の変化も起きない。

「心が開く」とは、クライアントとの間に良好な人間関係が存在し、本音で言い合える状態のことを指す。

そして、その根底には「信頼」がある。

長くお付き合いをしているクライアントであれば、信頼関係がすでに構築できているので、「受容」の問題は軽微である。

しかし、はじめてお付き合いをするクライアント、とりわけコンサルタントを使い慣れていないクライアントは、「心が開く」状態をつくり出すまでに相当苦労する。

正直にいえば、外資系の戦略コンサルタントはあまりいいイメージをもたれていないのが普通である。

図表8◆1　心―頭―心のサンドイッチ

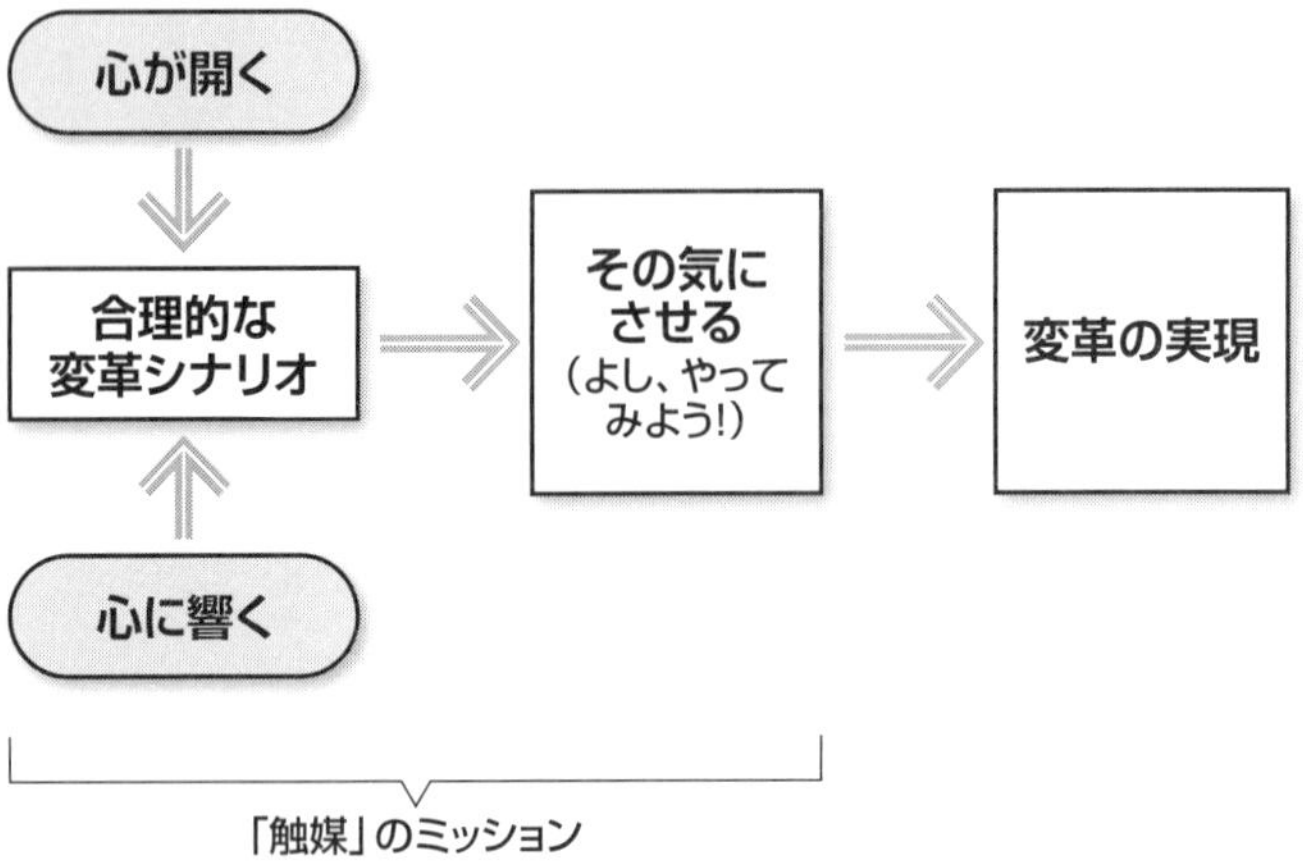

頭でっかちで、自分では汗をかかず、横文字ばかり使って煙に巻く「いけ好かない奴」だと思われている。

そんなマイナスの状態をそのまま放置したまま、いくらもっともらしいことを言ったところで、相手がこちらの提言を前向きに受け止めるはずもない。

戦略コンサルタントは、クライアントの「心が開く」状態をつくり、変革に向けての「下地を整える」ことに十分に配慮しなければならない。

❷クライアントの「心に響く」（触発）

「心の知性」を働かせるのは、「下地づくり」だけではない。

より大事なのは、相手の「心に響く」ことである。

裏付けのある理路整然としたロジックだけで、クライアントが「その気になる」のであれば、それに越したことはない。

しかし、現実を見れば、それだけで動くことはまずない。変革にはリスクが伴う。実践上のさまざまな障害や壁も存在する。

そうしたハードルを乗り越えていかなければ、変革は実現できない。

クライアントを行動に向かわせることができるのが、「一流の触媒」である。そのためには、クライアントの「心に響く」ことが肝心である。

つまり、クライアントが私たちの提言に「触発」(inspire)され、「よし、やってみよう！」と思うことが不可欠である。

変革を実現するためには、変革の方向性を合理的に定めることが必要である。

クライアントが「頭」で理解し、納得する理詰めの変革シナリオがなければ、変革の成功はありえない。

しかし、その合理的なシナリオは、「心が開く」と「心に響く」という2つの「心」でサンドイッチ状態になっていなければならない。

「心—頭—心のサンドイッチ」を生み出すことができれば、クライアントは変革に向かって間違いなく動き出す［図表8◆1］。

次節以降で、「心が開く」「心に響く」を実現するためのヒントを紹介しよう。

2 「心が開く」とはどういうことか

▼ 心が閉じたままでは、何の変化も起きない

駆け出しコンサルタントのころ、あるプロジェクトでクライアントの「心が開く」ことの重要性を認識した出来事があった。まず、そのケースを紹介しよう。

［ケース❼］

副本部長は、なぜ「敵」から「味方」に変わったのか？

私は、某大手材料メーカーN社の営業改革プロジェクトに携わっていた。

それまでN社は代理店、特約店を通じた営業が中心だったが、エンドユーザーへの直販を強化する必要に迫られていた。

それを実現するために、エンドユーザーへの提案活動をどのように進めるべきか、どのようなプロセス管理を行うべきかなどの論点を洗い出し、改革案の立案、推進を行おうとしていた。

役員、幹部陣の大半は、改革の必要性を認識し、コンサルタントの起用も納得していた。

しかし、改革のキーマンのひとりである営業本部の副本部長の理解、協力だけは、なかなか得られないでいた。

彼は「コンサル嫌い」を自認し、心を閉ざしたままだったのだ。

個別ヒアリングを行うなど、関係性の構築にも動いたが、状況は改善しないままだった。

そんなとき、私は彼と深夜の終電の車内で偶然、出会った。

といっても、私は彼を認識したわけではない。私は電車内でN社のプロジェクトに関わる資料を読み込みながら、どうすればこの改革がうまくいくのかを必死に考えていた。

一方の副本部長は接待が終わり、ほろ酔い気分で私が乗っている電車に途中から乗車し、車内で仕事をしている私を見かけたのだった。

次に彼と会ったとき、彼の態度に変化があることに私は気づいた。こちらの指摘やお願いにも素直に応じてくれ、協力的な態度へと変貌していたのだ。

しばらく経ってから、プロジェクトメンバーたちの懇親会が行われた。

そこに出席した副本部長が、私にこう教えてくれた。

「じつは、この前、遠藤さんを地下鉄の車内で見かけたんだよ。声をかけようと思ったんだが、あまりにも熱心に仕事に没頭していたので、声をかけるのをやめたんだ。俺は付き合いとはいえ酒を飲んできたのに、遠藤さんはうちの社員たち以上にうちの会社の将来のことを考えてくれている。協力しなくちゃいけないと反省したんだよ」

言うまでもなく、私は意図的に自分の仕事ぶりをアピールしたわけではない。偶然、その姿を副本部長が見かけただけのことだ。

しかし、それがきっかけとなり、副本部長の「心が開き」、プロジェクトを全面的に支援してくれるようになった。

プロジェクトの「敵」だと思っていた人が、「味方」へと変わってくれた。

彼の支援もあり、その後のプロジェクトは順調に前進した。

この出来事は、「触媒」としていい仕事をするためには、クライアントの「心が開き」、受容性を高めることがいかに大事であるかを私に教えてくれた。

副本部長の場合は、私の仕事ぶりを偶然見かけたことがきっかけになった。しかし、「下地づくり」は戦略コンサルタントにとってきわめて大切な仕事である。

クライアントが「触媒」を拒否せずに受け入れないことには、「化学反応」が起きるはずもない。

クライアントの「心が開く」かどうかによって、私たちの仕事の成否が決まるといっても過言ではないのだ。

クライアントの「心が開く」ための3つのポイント

それでは、クライアントの「心が開き」、「受容」の準備を整えるために、戦略コンサルタントはどのような工夫をすべきなのか。

残念ながら、そこにマジックは存在しない。いずれもありふれたものばかりだが、私が留意している3つのポイントを紹介しよう。

ポイント1 傾聴する——「耳で聞く」のではなく「心で聴く」

戦略コンサルタントにとって最初の仕事は、クライアントの話を「聴く」ことである。しかも、たんに「聴く」のではなく「傾聴」しなければならない。

「傾聴」とは「深いレベルで、相手を理解し、気持ちを汲み取り、共感する」ことである。「耳で聞く」のではない。「心で聴く」のだ。

クライアントの思いや歴史、ストーリーを理解することなく、その会社の未来を語ることなどできるはずもない。

「傾聴」の根底にあるのは、クライアントに対するリスペクトである。

「傾聴」の過程では、的を射た質問を行い、相手の気持ちを上手に引き出す努力も必要だ。さらには、上手にうなずく、こまめにメモをとるなどの、ちょっとした工夫も欠かせない。

「傾聴」とは、相手との関係性を構築するプロセスにほかならない。

「一流の触媒」は間違いなく「聞き上手」である。

ポイント2 巻き込む――プロセスに巻き込み、関係性を深めていく

大半の変革プロジェクトは、クライアントとの共同作業で進める。

コンサルタントだけが作業を行うのではなく、クライアントのキーマンをそのプロセスに巻き込み、関係性を深めていくことが重要である。

分析作業を分担したり、共同で社内外のインタビューを進めることによって、一体感は高まり、「ワンチーム」になっていく。

ある大手メーカーの海外戦略立案プロジェクトでは、クライアントの役員や主要なプロジェクトメンバーたちと一緒に海外へ出向き、ディーラーへのインタビューなどを行った。

数日間、私たちは朝から晩まで濃密な時間を過ごし、徹底的に議論を深めた。

共有する時間が増えれば増えるほど、関係性が深まると同時に、提言の質も間違いなく高くなる。

ポイント3　熱意を示す――行動を伴った熱心さは人に伝わる

ある地方での常駐プロジェクトで、私はコンサルタントたちに「朝はクライアントの誰よりも早く出社し、夜は誰よりも遅く帰れ」と指示したことがある。働き方改革が叫ばれる現在となっては、時代錯誤もはなはだしい体育会系のノリだったことは反省している。

しかし、私の意図は長時間労働にあったのではない。クライアントの信頼を獲得するためのひとつの手段として、私たちの熱意をなんとか伝えたかったのだ。

私が電車内で仕事をしている様子を見て、N社の副本部長の態度が変わったように、ハードワークは人の心を開かせるきっかけになりうる。行動を伴った熱意や熱心さは、間違いなく人に伝わる。

言うまでもなく、私たちの提言はクライアントにとって理にかなったものでなければならない。

しかし、いくら理屈が通っていても、それをクライアントが受け止めてくれなくては何の意味もない。

外部の「よそ者」の話に耳を傾けてもらうためには、やり方こそ工夫しなければならないが、私たちの熱意を上手に伝え、「心が開く」状態をつくることが必要不可欠なのだ。

3「心に響く」とはどういうことか

▼「コンテンツ」×「デリバリー」＝成果物（アウトプット）

「心が開く」とはクライアントがこちらの提言を受容する「下地づくり」である。変革を前に進めるために、マイナスの状態をゼロにする努力は、「触媒」の仕事として欠かせない。

しかし、マイナスがゼロになったからといって、クライアントが行動を起こすわけではない。

クライアントが「よし、やってみよう！」と思うためには、「受容」を「共感」へと高める必要がある。つまり、クライアントの「心に響く」アプローチが不可欠であり、その鍵となるのが「デリバリー」である。

戦略コンサルタントが生み出す成果物（アウトプット）は、「コンテンツ」と「デリバリー」

図表8◆2　戦略コンサルタントの成果物

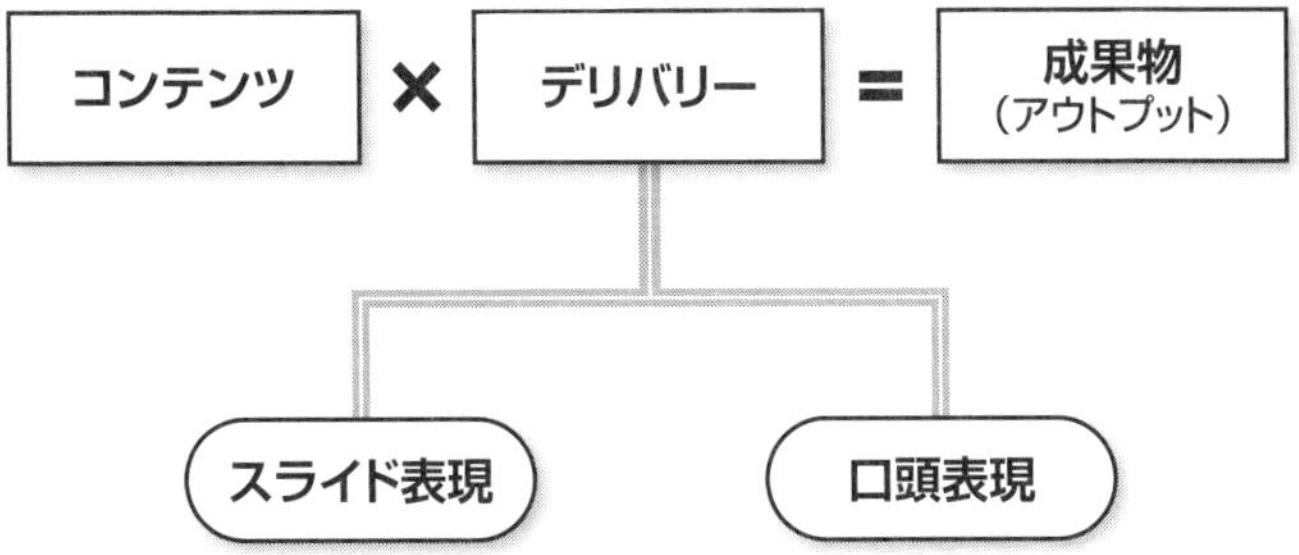

という2つの要素で成り立っている［図表8◆2］。「コンテンツ」とは、クライアントに対する具体的な提言のことである。

戦略策定プロジェクトであれば、ファクトや分析による裏付けのある適社性、合理性の高い戦略シナリオそのもののことを指す。

「何を言っているのだ。それこそがコンサルタントの成果物だろう」と思う人もいるだろう。しかし、「コンテンツ」を完成させることは、登山にたとえればまだ5合目、6合目にすぎない。

ＢＣＧでの駆け出しコンサルタントのころ、よく言われたのが「コンテンツの完成はまだ道半ば」という言葉だ。

「コンテンツ」と対をなす重要な要素が、「デリバリー」である。

日本語にすれば「伝達」。しかし、これはたんに「コンテンツ」をクライアントに伝えることではない。

「デリバリー」の目的とは「コンテンツ」を伝え、理解させるだけでなく、クライアントを「その気にさせる」ことである。

クライアントが「頭」で理解するだけでなく、その「心」に訴えかけ、「よし、やってみよう！」と奮い立たせることこそが、「デリバリー」の価値である。

クライアントの「心に響くデリバリー」ができるかどうかが、「触媒」としての仕事の成否を握っているといっても過言ではない。

第2章で紹介した堀さんのプレゼンの巧みさは、まさに芸術的だった。

「心に響くデリバリー」を行う道具立ては、スライドとプレゼンテーションである。文字による「スライド表現」とプレゼンにおける「口頭表現」の2つを駆使して、クライアントを「その気にさせる」ことが求められる。

スライド表現と口頭表現を磨くためのいくつかの技法について考えてみたい。

▼「心に響く」スライド表現の技法

スライド表現とは、「メッセージの言語化」にほかならない。自分が伝えたい意見や主張を最も的確なインパクトのある言葉に置き換えていく。

しかし、それを効果的に行うためには、それなりの技法の習得と訓練が欠かせない。そのポイントは次の3つだ。

スライド表現の技法1

メッセージを「クリスタライズ」する
――スライドは聴き手の「記憶」に残るものに

コンサルタントのみならず、いまや社内会議などでスライドを準備することは、必要不可欠なビジネススキルになっている。

しかし、インパクトのない文字の羅列だったり、1枚のスライドに詰め込みすぎて、まったく相手に伝わらないスライドがじつに多い。

そもそも、「スライド」と「報告書」は別物である。

報告書は時間をかけて丹念に読み込み、理解するもの。しっかり読んでもらうことを前提に、論理的にじっくりとこと細かに書けばいい。

一方、スライドは、プレゼンテーションの際に使う補助道具である。プレゼンという限られた時間の中で、こちらの意図、メッセージを簡潔に伝えるためのものである。

報告書は「記録」だが、スライドは聴き手の「記憶」に残るものでなくてはならない。だから、スライドにおける表現は、聴き手の胸に「刺さる言葉」を吟味しなくてはならない。どんなにいいことを言っていても、相手の心に刺さらなければ、「記憶」には残らない。

これを「クリスタライズ」（言葉の結晶化）と呼ぶ。

自分が伝えたいメッセージを相手に理解してもらうために、どの言葉を選択すべきか。簡潔でありながら、インパクトのある語彙を選択しなければならない。

スライド表現の技法2 明晰な思考は簡潔な表現となる——本質が明確でなければ、クリスタライズはできない

「言葉の結晶化」などというと、たんなる「言葉遊び」と思う人もいるかもしれない。しかし、経営トップを相手にする戦略コンサルタントの仕事は、「言葉遊び」でできるほどお気楽なものではない。

コンサルタントの質を表す表現に、「ダメなコンサルタントは簡単なことを小難しく語る。優秀なコンサルタントは複雑なことをシンプルに伝える」という言葉がある。

一見、複雑なことを、その本質を見極め、大事なことは何かを研ぎすませ、言葉を吟味することこそが「クリスタライズ」という技法である。

そのためには、自分たちが伝えたいメッセージの本質を突き詰める「思考の深さ」が不可欠になる。

トヨタの製造現場には、品質を「つくり込む」という言葉がある。

一つひとつの工程、作業をおろそかにせず、そのプロセスを通じて世界に通用する品質

を担保するという意味だ。

「品質をよくする」「品質を高める」といった陳腐な言葉では、現場の心に響かない。「つくり込む」という言葉には、それぞれの工程や作業をないがしろにせず、一人ひとりが当事者として品質に責任をもつという深い意味が込められている。

私が好きな言葉に「明晰な思考は簡潔な表現となる」というものがある。これこそが「刺さる」ということの本質を表している。

スライド表現の技法3 余白に意味がある――ダメなスライドは「busy」(ごちゃごちゃ)

ダメなスライドは「busy」(ごちゃごちゃ)である。

1枚のスライドにいくつものメッセージを詰め込んだり、同じ言葉や内容が重複したり、文字や図表で埋め尽くされている。

必然的に、文字も小さくならざるをえず、とても読む気がしない。

聴き手に対する配慮がまったくない、たんなる「押しつけ」である。こんなスライドなら、ないほうがよほどマシである。

「busy」なスライドの理由は明白である。それは「自信がない」のである。

自分が伝えたいメッセージに確固たる自信がないから、あれもこれもと詰め込んでしまうのである。

自信があるスライドはメッセージが絞り込まれており、じつに簡潔で、力強い。

スライドの余白は、自信のあらわれでもある。

▼「心に響く」口頭表現の技法

口頭表現は、明確に巧拙が分かれる。

プレゼンが巧みな人は、たんにメッセージを伝えるだけでなく、相手をその気にさせてしまう。

一方、プレゼンが下手な人は、メッセージが相手に伝わらないばかりか、空気を暗転させ、プロジェクト全体をぶっ壊してしまいかねない。

堀さんはじつに「プレゼン上手」だった。アナウンサーのように澱みなく話すわけではないが、その説得力、迫力は飛び抜けていた。

残念ながら、私は堀さんのような才能をもっているわけではない。

しかし幸いにも、口頭表現は練習と準備で、それなりに補うことができる。

どうすれば心に響く口頭表現ができるのか。そのポイントとなるいくつかの技法を見ていこう。

口頭表現の技法1 臨場感、リアリティを訴求する
――メッセージをいかに立体的に見せるか

ダメなプレゼンの最たるものは、スライドに書いてあることをそのままダラダラと話すことである。

聴き手はスライドを見ながら聴いているのだから、スライドに書いてあることは読めばわかる。スライドの内容をなぞったところで、プレゼンには何の付加価値もない。

プレゼンはスライドのポイントやキー・メッセージを強調したうえで、聴き手が「なるほど、これは大事だ」と思うような付加価値を生み出さなければならない。

そのためには、現場でのエピソードを加えて臨場感を演出したり、数字の根拠を説明し、リアリティを高めるなどの工夫が不可欠だ。

米国での報告会の際、堀さんは私に日本の競争相手が市場に投入している多様な新商品のパッケージを用意するよう指示した。

そして、プレゼンの際、それらを手にもちながら、日本企業がいかに創意工夫しているかを視覚的にアピールした。

ファクトだけを伝えるのであれば、各社が過去数年間に市場投入した新商品の数を見せるだけでいいかもしれない。しかし、それだけでは日本企業がどれほど新商品開発に力を

入れているのかを示すには十分ではない。

伝えたいメッセージをいかに立体的に見せるか。そこにこそ口頭表現の価値がある。

口頭表現の技法2 ファシリテーションを心がける
――主張をぶつけながら、相手の意向を「引き出す」

ダメなプレゼンのもうひとつの典型例は、一方的に話すことである。

自分の主張を押しつけるかのように、マシンガンのように話すコンサルタントも多い。

もちろんこちら側のメッセージを正しく伝える努力はしなくてはならない。しかし、聴き手はクライアントの経営トップや幹部であり、理解力はきわめて高い。こちらが何を言いたいかは、瞬時に理解する。

にもかかわらず、同じ主張を繰り返せば、その時点で相手は引いてしまう。しゃべりすぎはコンサルタントにとって致命的である。

大事なのは、議論を上手にファシリテートすることである。

こちらの提言、主張を理解してもらったうえで、聴き手の思いや意見を引き出す。そのことによって、クライアントの経営トップが何を重視しているのか、何を期待しているのかがわかる。

そこにクライアントの変革を実現するヒントも潜んでいる。

あるプロジェクトの中間報告で、コンサルタントによるプレゼンに社長をはじめとする役員層が関心をもっていないことに私は気づいた。彼らの問題意識とズレていると感じたのである。

「このままプレゼンを続けても意味がない」と思った私は、プレゼンを途中でやめさせた。そして、私自身がホワイトボードの前に立ち、社長や役員たちの問題意識を引き出し、それをホワイトボードに書き出し、論点を整理していった。

その効果は絶大だった。

このプロジェクトにおいて何が大切なのか、何を決めなくてはならないのかが明確になったからだ。この後、プロジェクトは大きな成果を生み出すことに成功した。

こちらの主張をぶつけながら、相手の問題意識や意向を「引き出す」。

大切なのは、プレゼンテーションではなく、ファシリテーションであることを常に意識しなければならない。

口頭表現の技法3 前向きな雰囲気をつくる
——真剣勝負の場でリラックスした雰囲気をつくる

30年も戦略コンサルタントをやっていながら、いまだにクライアントへの最終報告会は緊張する。

経営トップがどのような反応を示すのか、変革を前に進めることができるのか、重大な岐路に私たちは立ち会っている。クライアントの未来を決める真剣勝負の場だ。

コンサルタントのみならず、会議に参加しているクライアントの幹部やスタッフも緊張の面持ちだ。

だからこそ、私はリラックスした雰囲気を意図的につくるよう心がけている。

時にはつまらないジョークをはさんだりしながら、ポジティブで明るい空気が流れるように工夫することを意識している。

コンサルタントが上手に話す必要はない。自然体で、普通に話せばいい。

大事なのは、「よし、やってみよう！」とクライアントの背中を押すことができるような前向きな雰囲気をつくることなのだ。

第9章

「プロフェッショナル・マインド」とは何か？

1 「触媒」という仕事の本質

「プロフェッショナル・マインド」の2つのポイント
――「脳」を活かすのは、あくまで「マインド」である

戦略コンサルタントとしての仕事をするために、どのように2つの知性を磨き、使いこなすかについてこれまで考えてきた。

「変革の方向性を定める」ために主に使うのが「頭の知性」。

そして、「変革に向かわせる」ために主に使うのが「心の知性」。

「考える力」と「感じる力」を行ったり来たりさせながら、クライアントの変革実現の支援をするのが、「触媒」という仕事である。

それでは、2つの知性さえ備わっていればこの仕事ができるかというと、そうではない。

鍵となるのは、じつは「脳」ではなく、「マインド」である。

それを私は「プロフェッショナル・マインド」と呼んでいる。日本語で表せば、「プロとしての自覚」である。

「プロフェッショナル・マインド」が備わっていなければ、どれほどIQやEQのレベ

ルが高くても、「触媒」としていい仕事はできない。「脳」を活かすのは、あくまでも「マインド」である。

それでは、「プロフェッショナル・マインド」とは何か。

それは次の2つのポイントに集約される。

❶「For the client」に徹する

❷「結果」にこだわる

次項以降でひとつずつ見ていこう。

ポイント1 「For the client」に徹する
――クライアントのために本気で対峙し、助言する

私が出会った二人の「本物」である堀さん、ベルガーさんに共通するのは、自分たちの役割や仕事に徹する「ピュアなサービス精神」である。

「『For the client』に徹する」と呼んでもいいかもしれない。

クライアントの変革実現の手助けをしたい、クライアントに成功してもらいたい、変わってもらいたいという純粋な気持ちがその根底にある。

何かのご縁でお手伝いをさせてもらうことになったクライアントと本気で対峙し、本気で寄り添う。「アウトサイダー」だからこそ、何のしがらみもなく、思うことを正々堂々とぶつけ、意見を戦わす。

それこそが「触媒」である。

だから、怒鳴られようが、嫌われようが、クライアントのためになると思うことは本気で指摘するし、助言する。

この気持ちがなければ、「触媒」としていい仕事は絶対にできない。

ポイント2 「結果」にこだわる——「あとはクライアント任せ」では「プロ」ではない

「触媒」のミッションは、企業変革の実現を支援することである。しかし、変革が実現し、業績として経営数字にあらわれるまでには、相応の時間がかかる。

私たちの仕事に本当に価値があったのかどうかを、数字で測定することはなかなか難しい。

だからこそ、私はクライアントを「その気にさせる」ことにこだわる。

クライアントの意識と行動に変化が起こり、「よし、やってみよう！」と動きはじめることが、私たちにとっての「結果」である。

意識と行動が変わり、クライアントが変革に向かって動き出せば、タイムラグはあっても、いつか必ず数字としてあらわれてくる。

だから、「一流の触媒」はあの手この手を駆使して、クライアントを「その気にさせる」ことに腐心する。

もっともらしいことを述べるだけで、「あとはクライアント任せ」では、とても「プロ」とは呼べない。

Ⅴ 「無責任な立場」だからこそ、「無責任な仕事」はできない

私自身もそんなマインドをもちつづけて、この仕事を続けてきた。

しかし、なかなか理解されないこともある。クライアントとの衝突も頻繁だった。

ある大手製造業のプロジェクトでは、ある役員から飲み会の席で「あなたは無責任な立場にいるから、そんなことが言えるんだよ」と言われたことがある。

私はその役員に「たしかに、私は自由な立場だが、無責任に言っているつもりはない。御社の未来を考えるからこそ、いまやるべきことを提言している」と反論した。

その役員はムッとした顔をしていたが、私には私なりの自負がある。

無責任という批判があるのは、この仕事の宿命である。「アウトサイダー」という立ち位置は、批判の対象になりやすい。

だからこそ、私たちはクライアントのために徹底的に理詰めで考え、ファクトで証明することを試みる。無責任な提言、主張をしているつもりはない。

とはいえ、「外部の人間から言われたくない」というその役員の気持ちもよくわかる。

しかし、わかってはいても、社内にいては言えないことがあるというのも現実である。

それを代弁するのも、「触媒」として大事な仕事である。「アウトサイダー」だからこそ「インサイダー」では言えないこと、思いつかないことを直言しなければならない。

「寄り添う」とはクライアントと同質化することではない。共感はしても、常に異質であろうと心がけなければならない。

誤解を恐れずに言えば、無責任な立場だからこそ、本音が言えるのだ。

立場は無責任かもしれないが、だからこそ仕事は無責任にはできない。

それが「触媒」という仕事の本質だと私は信じている。

2 プロフェッショナルとしての8つの心構え

▼最初から「一流の触媒」は存在しない

マッキンゼーを世界的な戦略コンサルティングファームへと飛躍させたマービン・バウワーは「マッキンゼーはプロフェッショナル・ファームである」と定義した。戦略コンサルティングファームは、プロフェッショナルが集まった組織体でなければならない。

「プロフェッショナル」という言葉は響きのいい言葉なので、安易に使われる。欧州のサッカーリーグや野球のメジャーリーグで活躍する一流選手たちのように、卓越した才能や技をもち、市場価値の高い人材は、まさにプロフェッショナルである。スポーツの世界では、飛び抜けた才能をもつ人材が、プロフェッショナルの世界でいきなり活躍することもあるだろう。

しかし、戦略コンサルタントの世界では、それは非現実的だ。

どんなに優秀な頭脳をもっていても、戦略コンサルタントとして通用するためにはそれなりの研鑽、経験が不可欠だ。東大出身、ハーバードMBAの肩書だけでやっていけるほど甘い世界ではない。

最初から「一流の触媒」は存在しない。努力を続け、経験を積みながら、プロフェッショナルに近づいていくしかない。

その道程で、私自身が常に意識し、大切にしてきた8つの心構えを紹介しよう。

これらはあくまでも私の経験にもとづいたものだが、私が出会った「一流の触媒」にも共通するものだと私は思っている。

心構え1 偉そうにしない——得することなど何ひとつない

戦略コンサルタントに否定的な人たちからよく聞かされるのは「門外漢のくせに偉そう」「いつも上から目線」といった言葉だ。たしかに、私自身もそうしたタイプのコンサルタントに何人も出会ったことがある。

ひと昔前は「コンサルタントの大先生」で通用したかもしれない。

しかし、時代は変わり、コンサルタントに求められる役割や仕事は大きく変化している。外部から「ご託宣」を述べるだけのコンサルタントはもう通用しない。

にもかかわらず、勘違いしているコンサルタントはいまでもいる。

ちょっとした言動で、クライアントに「いけ好かない奴」「鼻もちならない奴」とレッテルを貼られてしまう。

自分たちはそう認識していなくても、私たちは偉そうにしているように見えてしまう。そんな状態で、相手の「心が開く」はずもない。

私たちは「触媒」である。クライアントの変革を実現するために、小さな存在ながら「決定的な仕事」をしなければならない。

クライアントとの間に信頼関係を構築できなければ、いい仕事はできない。

クライアントをリスペクトし、クライアントのためを思い、ベストなサービスを提供する。それがプロフェッショナルの姿勢である。

偉そうにして、得することなど何ひとつない。

心構え2 生意気であれ
――クライアントの前では、ポジションは一切関係ない

「偉そうにしない」と矛盾するように思うかもしれないが、「触媒」は生意気でなくてはならない。

異質の存在としてクライアントの変革を後押しするには、時には尖った提言や反発を受けるような意見も述べる必要がある。それがなくてはクライアントに「化学反応」は起こせない。

ＢＣＧ時代、私は「自分のスタンスをとれ」と教えられた。

「自分はどうすべきだと思うのか」という自分なりの明確な意見をもつ。それがなければ、クライアントとは対峙しなければならない。

しかし、自分の「スタンス」をとることは、けっして簡単なことではない。

誰でも容易に答えを出せるような問題ではないからこそ、クライアントは私たちに依頼をしてきたのだ。

それでも、自分の意見をもち、相手にぶつける。そこからしか「化学反応」は起きない。

私は若いコンサルタントたちに「クライアントの前では、ポジションは一切関係ない」と言いつづけている。

パートナーだろうが、プロジェクト・マネージャーだろうが、新卒のコンサルタントだろうが、そんな肩書はこの世界では何の意味もない。

クライアントの前では対等であり、付加価値をつけたものこそがプロフェッショナルである。

実際、第4章で紹介したC社のプロジェクトで最も付加価値をつけたひとりは、入社2年目のコンサルタントだった。

心構え3 逃げない——困難な局面のときこそ、一流かどうかが試されている

「触媒」という仕事は、生半可な仕事ではない。

クライアントにとって5年に一度、10年に一度の大仕事をお手伝いするのだから、やりがいはあるが、数多くのハードルを乗り越えなければならない。

その道程では、うまくいかないことも経験する。

クライアントの協力が得られない、クライアントが納得しない、クライアントが動かない……。

ハードル一つひとつに動揺していたのでは、この仕事はできない。

そんなときこそ、私たちは逃げない。変革の実現に立ちはだかる障害を真正面から見据え、ひとつずつクリアしていくことが求められる。

困難な局面のときこそ、「一流の触媒」かどうかが試されている。

京セラの創業者である稲盛和夫氏は「楽観的に構想し、悲観的に計画し、楽観的に実行する」と語っている。この言葉は経営者のみならず、戦略コンサルタントにもそのまま当てはまる。

楽観だけのコンサルタントは信用できないが、悲観ばかりのコンサルタントは大成しない。

心構え4　ごまかさない——できるだけ「横文字」を使わない

ダメなコンサルタントの見分け方は、比較的簡単だ。

やたらと「横文字」を使ってごまかそうとする。米国から持ち込まれた新しいコンセプトをひけらかし、それでクライアントを煙に巻こうとする。「受け売り」ばかりで、何のオリジナリティもない。

私はできるだけ「横文字」を使わないよう心がけている。現場の人たちにも理解できるように、平易な日本語を用いて伝えるよう努めている。

また、ビジネススクールで教えるような分析フレームワークを鵜呑みにして使うコンサルタントも信用できない。

現状分析するうえでフレームワークは必要だが、ありきたりの「既製服」のようなフレームワークで整理できるほど、経営は単純ではない。

どういうフレームワークを使えば、正しく整理できるのかを考え、フレームワークそのものを考えることから始めなければ、正しい現状分析はできない。

心構え5 知らないことは「知らない」と言う
――「何でも知っている」「何でもできる」と言う人は要注意

戦略コンサルタントがカバーする領域は、過去と比べ物にならないほど広がっている。以前は、戦略策定に特化していればよかったが、オペレーション改革やＩＴ、人事制度、Ｍ＆Ａなど、さまざまな領域が複雑に絡んでくる。ひとりのコンサルタントがすべての分野に精通するということは不可能になってきている。

にもかかわらず、ダメなコンサルタントほど「何でも知っている」「何でもできる」と言う。

「知らない」「できない」と言うことができない。

私は自分の専門外の領域のアドバイスを求められたときは、ほかの信頼できるコンサルタントを紹介するようにしている。やはり「餅は餅屋」だ。

「知っているふりをする」というのは、プロフェッショナルとしてあってはならない態度である。

心構え6 「時間価値」を常に意識する——「時間単価」と「納期意識」

戦略コンサルタントが一般のビジネスパーソンと異なる最大のポイントは、時間に対する感覚の違いである。

私たちには「1時間いくら」という時間単価が設定されている。その単価に見合う仕事をしているか。それが私たちの思考と行動を規定している。

私がBCGに転職して最初に配属されたプロジェクトでの出来事だった。新宿で外部インタビューをした私は、地下鉄を乗り継いで当時大手町にあったBCGのオフィスに戻った。私にとっては至極当然のことだった。

オフィスでプロジェクト・マネージャーに報告すると、「遠藤さん、地下鉄ではなく、タクシーを使ってね。たかが15分程度の違いと思うかもしれないけど、その15分を使えば、もっと付加価値を高められるでしょう。時間を最大限に活用してアウトプットを生み出すのがこの仕事だからね」と指摘された。

彼は「贅沢をしろ、楽をしろ」と言っているのではない。常に「『時間価値』を意識しろ」ということを彼は教えてくれたのだ。

時間に対する感覚の違いはもうひとつある。

それは「納期意識」である。

通常のプロジェクトは3~6ヶ月の期間が設定されている。その間に、経営トップに対する中間報告会、最終報告会などが要所要所で行われる。

私たちはこの「納期」を意識して常に仕事をする。

それまでに相応のアウトプットを生み出さなければならない。ダラダラやるわけにはいかないのだ。

「納期」を背負った仕事は、間違いなく効率的になる。切羽詰まれば、爆発的な力も生まれる。

時間に対する意識が、仕事のやり方や質に大きな影響を与えるのだ。

心構え7 研鑽を怠らない——生まれながらのコンサルタントはいない

「生まれながらに頭のいい人」はいるが、「生まれながらにコンサルタント」という人はいない。どんなに優秀な人材でも、戦略コンサルタントは不断の努力と経験によって生まれるものだ。

年齢も若く、ビジネス経験や人生経験が浅いコンサルタントが、クライアントの重大な局面で起用され、仕事をするのだから、そもそもハードルがきわめて高い仕事である。地頭のよさだけで勝負できるような仕事ではない。

だからこそ、私たちは研鑽を怠ってはいけない。

ビジネスや経営のあらゆることに興味をもち、新たなインプットを常に心がけなければならない。

さらには、ビジネスとは直接関係のない教養も磨かなければならない。

大企業の経営者は教養に溢れている。歴史や文化からワインやスポーツなど多様なことに興味をもち、造詣も深い。

そんな人たちと仕事の話しかできないというのでは、相手にされない。人としての幅、魅力を磨かなくては、「一流の触媒」にはなりえない。

心構え8 頭も使うが、気も使う
――ちょっとした気配りがアウトプットに大きく影響する

BCG時代のあるプロジェクトで、堀さんがあるコンサルタントを叱りつけたことがある。

その理由はスライドの文字が小さくて、読めないことだった。

「いくらいいことが書いてあったって、文字が小さくて読めなかったら、意味がないだろう。ちょっとは気を使えよ」

堀さんは気配りの人だった。どんなに立派なことを語っても、相手の気分を害したり、聴く耳をもってもらえなかったら、私たちの仕事はそこでおしまいだ。

戦略コンサルタントが頭を使うのは当然である。

ちょっとしたことに気を使えるか、気を回せるかが、私たちの仕事の成果に大きく影響するのである。

3 「熱量」で勝負する

「知識格差」「情報格差」の消滅

30年前、私が戦略コンサルタントになったころ、ほとんどの日本企業にとっては戦略やマーケティングといった経営に関するコンセプトやフレームワークは、じつに目新しいものだった。

ビジネススクールやMBAも、まだまだ一般的なものではなかった。

だから、BCGが生み出した「経験曲線」や「PPM」「タイムベースト・コンペティション」（時間競争）などは、科学的、合理的なコンセプトとして斬新かつパワフルなツールだった。

「PPM」を使って事業ポートフォリオや製品ポートフォリオを分析し、そのチャートを見せるだけで、クライアントは「おおっ!」と感動してくれた。

しかし、日本企業も社員のビジネスリテラシー強化に乗り出し、MBA的な知識は一般化していった。もはや戦略コンサルタントとクライアントの間には「知識格差」はなくなった。

その次に、戦略コンサルティングファームが重視したのは、情報だった。

グローバル経営を進めようとすれば、自分たちの知らない地域や国の市場や制度など、新たな情報収集・分析が不可欠となる。

グローバルネットワークをもつ戦略コンサルティングファームは、最新のローカル情報やローカルネットワークを提供することによって、クライアントに付加価値を提供しようとした。

しかし、インターネットが普及し、クライアント自身もさまざまな情報ネットワークを確立する中で、「情報格差」も縮小していった。

戦略コンサルタントの優位性の源泉だった知識や情報はコモディティ化し、もはやそれらだけでは付加価値を生み出すことはできなくなってしまった。

V

「熱量」こそが、戦略コンサルタントの優位性の源泉
――クライアントに「ファイティングポーズ」をとらせる

「知識格差」「情報格差」がなくなった現在、戦略コンサルタントは何を武器にクライアントに付加価値を提供すべきなのか。私はそれをずっと考えながらこの仕事をしてきた。

私が行き着いた結論は、「熱量」である。

「熱量」とはエネルギーである。

変革を実現するためにはエネルギーが不可欠である。どんなに素晴らしい変革のシナリオを描いたところで、「熱量」が乏しければ、実現はおぼつかない。

戦略コンサルタントにとって「合理性の追求」は不可欠だ。経営は理詰めでなくてはならない。そのために、客観的な分析、冷静沈着な思考、的確な判断が求められることは昔も今も変わらない。

しかし、「合理性の追求」は必要条件であり、十分条件ではない。

いくら合理性を担保しても、「熱量」が足りなければ結果には結びつかない。

もちろん、「熱量」溢れるクライアントもいる。そういうクライアントとはエネルギーを気にすることなく、変革の中身について議論を戦わせればいい。

しかし現実を見れば、残念ながら、そんなクライアントばかりではない。

理由はさまざまだが、エネルギーが枯渇し、「闘う気力」が乏しいクライアントとも、私たちは対峙する。

私は、多くの経営者から「遠藤さんといると、元気が出るよね」という言葉をかけていただく。

それは私にとってとても嬉しいことなのだが、一方で「それが仕事なのだ」とも思っている。

クライアントを取り巻く環境は激変している。

過去の延長線上にはない不連続の変化が求められている。そこには当然リスクが伴う。

頭の中では理解していても、行動に逡巡し、実行がおぼつかない。そんなクライアントの内部に潜んでいる「熱」を引き出し、実行へと駆り立てる。「ファイティングポーズ」をとらせることも私たちの重要な任務である。

頭の中は冷静でも、私たちの心の中に大きなエネルギーが充満していなければ、クライアントの背中を押すことはできない。

圧倒的な「熱量」をもたなければ、「一流の触媒」としての仕事は果たせないのだ。

第10章

「一流の触媒」になるために、私が続けている「7つの習慣」

1 プロフェッショナルとは不断の努力ができる人

遠藤流の「7つの習慣」――鍛錬を経て、プロフェッショナルに「なる」

前章で「プロフェッショナルたるもの研鑽を怠ってはいけない」と述べた。戦略コンサルタントという仕事は、常に自分自身をストレッチさせていなければ成り立たない仕事である。

勉強しつづけ、見聞を広め、思考の訓練を続けることは当たり前であり、その努力を怠れば、プロフェッショナルとしては失格の烙印を押されてしまう。

これは何もこの仕事に限ったことではない。

どんな分野であっても、プロフェッショナルと呼ばれるキャリアを目指すのであれば、人並み外れた勉強や鍛錬は不可欠である。

「生まれもっての才能」はあっても、「生まれもってのプロフェッショナル」という人はいない。鍛錬を経て、プロフェッショナルに「なる」のである。

私は、プロフェッショナルとは「市場価値のある高度専門性をもつ人材」のことだと定義しているが、人並みの努力では市場価値は手に入らない。

外からは見えないが、日常的な不断の努力こそが、その人の仕事ぶりや成果にあらわれ、市場価値につながるのだと思う。

不断の努力とは、それが習慣化、ルーチン化されていることである。

継続してこそ、努力は血となり肉となる。

私にも意識的に続けているいくつかの習慣がある。それらは次の7つである。

①日経新聞を隅々まで読む
②ビジネス書、経営書を乱読する
③必ずメモをとる
④毎年、最低1冊は本を出版する
⑤毎年、1ヶ所は未訪問の国や地域を訪ねる
⑥早寝早起きを心がける
⑦感謝を忘れない

ひとつずつを見れば、何も特別なことはない。やろうと思えば誰でもできることかもしれない。

しかし、習慣とはそういうものだ。特別なことは長続きしない。

何を習慣にするのか、ルーチンにするのかは人それぞれだ。あくまで私流の習慣にすぎないと思ってお読みいただきたい。

2 第1の習慣 日経新聞を隅々まで読む――「畑違い」の情報で世界を広げる

▼ 毎朝、1時間かけて1面から最後まで読む

私の毎朝のルーチンは、日経新聞の読み込みである。

最近は電子版で新聞を読む人が増えているが、私は相も変わらず紙の新聞である。一時は電子版も利用したが、私の読み方には合わないのでやめた。

私はまず日経新聞の1面から最後のページまで見出しを中心にざっと流す。そして、自分のアンテナに引っかかった見出しの記事をひとつずつ読み込んでいく。

ここまでは普通の読み方である。私流の読み方は、ここからが少し違う。

自分のアンテナに引っかからなかった記事を中心に、1面からもう一度読み直していく。

その際は、自分が興味がない分野や専門以外の記事にも目を通す。

そして最後に、楽しみにしている「私の履歴書」を読む。これはデザートのようなものだ。

こうした読み方にかける時間は約1時間。

大変そうに思うかもしれないが、意外と広告が多いので、記事を通読する分には、それほど時間はかからない。

▼「畑違い」の情報や知識が役に立つ

人は興味があること、関心があることには、放っておいても目が行く。しかし、それだけでは非常に狭い世界のことしか知りえない。

戦略コンサルタントはあらゆる業界、さまざまなテーマのプロジェクトに関わる。世の中の潮流や変化に広く関心をもち、より広い領域にアンテナを張り巡らせ、自分にとっては異質な情報や知識にも目を光らせることが大切なのだ。世界を広げる努力なくして、戦略コンサルタントの仕事ができるはずもない。

たとえば、私は製造業出身なので、モノづくりに関する記事には自然と目が行く。

しかし、「モノからサービスへ」という変化が生まれ、業際的な取り組みが加速する中で、サービス業や小売業、金融などとの連携や協業は不可欠である。

大事なのは、「畑違い」の情報や知識である。

既存の発想とは異なる視点や切り口こそが、従来の固定観念を打ち破り、ブレークスルー的な発想につながるきっかけになりうる。

実際にやってみると、自分の専門以外については知識や背景の理解が足りないので、記事を読んでも最初はなかなか頭に入ってこない。

だが、こうした努力を続けていくと、少しずつ全体像や脈絡が見えてくるようになる。まったく別々のことだと思っていたことが、じつはつながっていることにも気がつく。

全体を俯瞰的に見る眼を養うためには、日経新聞を通読し、世界を広げる努力は欠かせない。

3 第2の習慣 ビジネス書、経営書を乱読する——ざっと読む本と繰り返し読む本

ひとつでも発見があれば十分——月に15冊読む方法

私は「活字中毒」である。読むものがないと不安になる。

就寝前は本を読まないと寝付くことができない。本のジャンルは私小説、ミステリーからノンフィクション、旅行記など幅広い。

ビジネス書や経営書についても同様である。

話題になっているもの、面白そうなものは片っ端から購入し、目を通す。まさに乱読だ。ビジネス書や経営書の類だけでも1ヶ月に15冊程度は読む。ほぼ2日に1冊のペースだ。しかし、精読することはしない。面白ければ読み進めるし、途中で「違うな」と思えば、それ以上は読まない。

私はビジネス書や経営書に多くのことは求めない。

ひとつでも新しい発見があったり、見失っていた大切なことに気づかせてくれるのであれば、それだけで十分に価値があると思っている。

◆「原理原則」をしっかり学ぶ——私が繰り返し読む本

その一方で、古典的な名著はしっかり読み込み、折に触れ何度も読み返す。

私の書棚に一番多く並んでいるビジネス書、経営書は、ピーター・F・ドラッカーの本だ。それに続くのが、野中郁次郎先生、大前研一さんの本だ。

経営においては「こうすれば必ず成功する」というセオリーや定説は存在しない。

ビジネスとは環境変化に合わせて変化していかなければならないものだから、過去の成功事例は参考にはなっても、「答え」にはなりえない。経営をどんなに科学的に捉えようとしても、残念ながら経営に「再現性」はない。

しかし、セオリーはなくても、「原理原則」はある。

時代や環境が変わろうとも、変わってはいけない普遍的な考え方、ものの見方は確実に存在する。

ドラッカーや松下幸之助、本田宗一郎など名経営者の本には、不変の真理がちりばめられている。

経営の技術論や戦略論を学ぶことはもちろん必要だ。しかし、経営のトップに近づけば近づくほど、より根源的な問いかけが重要になってくる。


——うちの会社は何のために存在するのか？

——人は何のために働くのか？

——リーダーの仕事とは何か？


そうしたときこそ、基本に立ち返ることが大切だ。

古典的な名著は、忘れかけていたことを思い出させてくれる。

4 第3の習慣 必ずメモをとる ――ノートは「思考の変遷」そのもの

思考を「見える化」する

私は「活字中毒」であると同時に、「メモ魔」でもある。

戦略コンサルタントになって30年間、コクヨの「Campusノート」を手放したことがない。

会議や面談でのコメントや気づき、自分が思いついたことなどを、片っ端から書いていく。そんなノートが100冊以上残っている。

一時期は小洒落たノートを探してきて、使ったこともあったが、結局は「Campusノート」に舞い戻った。

小洒落たノートだと、つい「きれいに書こう」などと余計なことを考えてしまう。私にとってノートは「落書き帳」にすぎない。頭の中にあるものを吐き出す「スペース」だ。

気づいたこと、思いついたことを吐き出して、「見える化」する。そして、頭の中を一度、空っぽにして、また次の思考を始める。

ランダムで整理されていない「思考のかけら」を「言語化するスペース」として、「Campusノート」ほど便利なものはない。

ノートは頻繁に読み返す。

何度もメモを読み返し、マーカーで線を引いたり、赤ペンで書き足したりし、頭の中を整理していく。

これを私は「思考の上書き」と呼んでいる。

私にとってこれらのノートは、自分自身の「思考の変遷」そのものだ。

これを読み返せば、自分が何をどのように考えてきたのか、その道のりを辿ることができる。

❼ ノートを使い分ける――「日常用ノート」と「テーマ別ノート」

私は複数のノートを使い分けている。

日常的な活動の中で使う「日常用ノート」と、ある特定のテーマに絞って使う「テーマ別ノート」の2種類だ。

「日常用ノート」は、ビジネスの日常において見たこと、聞いたこと、思いついたことを何でも書き出すためのものだ。

面倒くさいルールなどなく、思いついたときに、思いついた順番で書き出していく。私の場合、約3ヶ月で1冊のノートがほぼ一杯に埋まる。

「テーマ別ノート」は、本の執筆など、特定のテーマ専用に1冊のノートを用意する。たとえば、あるテーマで本を書いてみようと思えば、まずノートを1冊用意する。そして、そこに本の構想やアイデアを思いつくままに書きはじめる。

当然だが、最初はまったく何の脈絡もない断片的なものばかりで、整理もされていない。しかし、それを繰り返していくうちに、徐々に本の輪郭があらわれてくる。「思考のかけら」が徐々に組み合わさり、全体のストーリーが見えはじめる。

最初は悶々とするが、それから少しずつ形らしきものが見えてくると、俄然やる気が出てくる。

「Campusノート」は、私の執筆に欠かせないパートナーなのだ。

5 第4の習慣 毎年、最低1冊は本を出版する ――「概念化・構造化・言語化」のトレーニング

▼自らの考えや学びを「発信」する

戦略コンサルタントという仕事は「触媒」という地味な黒子、裏方の仕事である。どんなにいい仕事をしても、それが表に出ることはほとんどないと言っていい。

守秘義務があるので、自分たちがやった仕事を公言することはできない。業の特性上、それはそれでやむをえない。

しかし、自分が仕事を通じて考えてきたこと、学んだことを一般化し、世の中に「発信」し、知ってもらいたいという欲求もある。自分がやってきたことを後世に遺したいという気持ちもある。

だから、私は「触媒」の宿命に抗うかのように、本を書きつづけてきた。

2004年に『現場力を鍛える』を出版して以来、毎年、最低1冊は本を出そうと決め、実行してきた。

私にとって本を書くという作業は、仕事を通じて私が感じたこと、考えたことを「世に

問う」ということにほかならない。

もちろん、個別プロジェクトの内容を書くわけにはいかないので、あくまでも一般化、概念化したうえで、「発信」を続けてきた。本を書くという作業は、私のこだわりのひとつである「概念化・構造化・言語化」を鍛える絶好のトレーニングでもある。

これまでに出版した本は、単行本32冊、共著本6冊の計38冊にもなる。外国語に翻訳されたものも15冊ある。

『現場力を鍛える』『見える化』『新幹線お掃除の天使たち』はそれぞれ10万部を超えた。すべてを合わせれば、100万部を超える。

戦略コンサルタントになったとき、「1冊でいいから本を出したい」と思っていた。その思いは、私の想定を超えて大きな形になった。

▼本がきっかけとなって、新たなご縁が生まれる
――1冊の本が人の生き方を決めることもある

思い返せば、私が戦略コンサルタントという仕事をすることになったのは、堀さんの本がきっかけだった。あのときに、あの本と出会っていなかったら、私はまったく違う人生を歩んでいただろう。

堀さんは「本は名刺代わりだ」と教えてくれたが、1冊の本には人の生き方を変える力

が潜んでいることを、私は身をもって知っている。

私が出版した本も、私に数多くの幸運とご縁をもたらしてくれた。本がきっかけとなり、社外取締役への就任を要請されたことは一度ではない。

良品計画元会長の松井忠三さんとのご縁は、『見える化』から生まれた。

この本を読んでいただいた松井さんが、社内の勉強会に講師として招いてくれた。それがきっかけとなり、社外取締役就任のお話をいただいた。

ドリーム・アーツ社長の山本孝昭さんは、『現場力を鍛える』を電車内で読んでいて、降りるべき駅を乗り過ごしてしまうほど没頭したと教えてくれた。そのすぐあとに、オフィスまで会いに来られた。

その後、同社の社外取締役に就任した。山本さんとはこれまでに3冊の本を共著で出す仲になった。

本を出すというのは、手段にすぎない。大事なのは、自らの考えを「発信」し、「世に問う」ことなのである。

6 第5の習慣 毎年、1ヶ所は未訪問の国や地域を訪ねる

欧米以外を知らなければ、世界を語ることはできない

私はこれまでに60ヶ国以上の国を訪ねてきた。欧米を中心とした主要国はほぼ訪ねている。

しかし、世界には200近い国が存在する。

平成31年3月29日時点で、日本が承認している国は196ヶ国。

私が訪ねた国は、3分の1以下にすぎない。

もちろん、ビジネスという観点で見れば、60ヶ国で十分なのだろう。

しかし、世界が欧米中心主義から変わろうとしているなか、欧米以外の国や地域を知らなければ、世界を語ることなんてできない。

そのきっかけとなったのが中国である。

私は2008年から5年間、中国の有力ビジネススクールのひとつである長江商学院で客員教授を務めた。

北京や上海に赴き、MBAプログラムやエグゼクティブMBAプログラムで、「日本企業のグローバル戦略」という講義を行った。中国が信じられないほどのスピードで発展を遂げるのを目の当たりにし、大きな刺激を受けた。

しかし、私にとっての刺激は、それだけにとどまらなかった。

その講義がきっかけとなって知り合った学生たち（といっても、中国の有力企業の経営者）から、「ぜひうちの会社を訪ねてきてほしい」と依頼を受けるようになったのだ。

そして、私は広西チワン族自治区や貴州省といった、普段ならなかなか赴かないようなところまで行くようになった。そこで目の当たりにしたのは、北京や上海とはまったく異なる中国の風景であり、人々だった。

北京や上海を知っているからといって、中国を知っていることにはならない。

もっともっと見聞を広げようと意識するようになった。

▼「三現主義」で世界を知り、自分を磨く
――好奇心と行動力で世界の広さを体感する

それ以降、毎年、最低1ヶ所は未訪問の国や地域を訪ねるように心がけている。

中国では、チベット自治区のラサや青海省も訪ねた。少数民族がどう扱われているのかを肌で感じた。

欧州出張のときは、これまで何十回と訪ねてきたドイツをできるだけ早く離れて、バルト三国や北欧を訪ねるようになった。

マザーハウスとのご縁がきっかけで、バングラデシュやネパールも訪ねた。

地元の工場や工房を実際にこの眼で見ることで、マザーハウスという小さな会社がやろうとしていることの大きさを肌で感じた。

トヨタグループの礎をつくった豊田佐吉翁は、「障子をあけてみよ。外は広いぞ」と語った。

私たちは普段とてつもなく狭い世界の中で生きている。そんな限られた小さな世界に閉じこもっていたのではあまりにももったいない。

交通の発達で、世界は間違いなく近くなった。好奇心と行動力さえあれば、世界の広さ、多様性を体感することができる。

大事なのは、「三現主義」（現地・現物・現実）を自ら実践することだ。インターネット、SNS全盛の時代だからこそ、行動力が試される。

自分の眼で見て、自分の耳で聴き、自分の肌で感じる。自分を磨く方法はそれしかない。

7 第6の習慣 早寝早起きを心がける——タイムマネジメントのコツ

❶ 必要な睡眠時間をしっかり確保する方法

スポーツの世界のプロフェッショナルにとって、体調管理（コンディショニング）はきわめて重要だ。体調が万全でなければ、どんなに優れた才能も技も発揮できない。

それは、戦略コンサルタントという仕事も同じだと私は思っている。

頭も身体の一部だ。体調が万全でなければ、頭は回らないし、思考は深まらない。

とくに、睡眠は大事だ。

私の場合は、少しでも睡眠が足らないと、頭の働きがいっきに悪くなる。

だから、最低でも7時間の睡眠は確保したい。

朝型人間の私は毎朝5時半には起きるので、できれば10時半には眠りにつきたい。そうなると、必然的に早寝早起きが習慣になる。

お酒は大好きだが、いまでは「原則3杯まで」と決めている。それ以上飲むと寝付きが悪くなり、翌日の仕事に支障をきたす。

睡眠時間を確保することは、私にとってはきわめて優先順位が高い。必要な睡眠時間を確保することを前提に、1日の予定を組んでいく。

毎日、懸命に仕事をし、ベッドの中で旅行記をめくりながら眠りにつく。

そのときが、私にとって至福のときである。

❼ タイムマネジメントが人生を決める
——時間をコントロールすることが、人生をコントロールすること

私がよく受ける質問のひとつが、「忙しいのに、よく本が書けますね。いつ書いているんですか?」というものだ。私にとってはあまり意味のない愚問である。

1日は24時間と決まっている。

そのうち7時間は睡眠時間を確保しなければならない。

となれば、残りの時間から執筆の時間をひねり出さなければならない。

体験的に考えると、1冊の本を書くためには、構想段階も含めると300時間は必要だ。ざっくりいえば、毎日1時間を執筆のために充てることができれば、1年間に本を1冊書ける計算になる。

しかし、これはあくまでも机上の計算だ。

コンサルタントや社外取締役としての役割を果たし、講演や研修の仕事をやりながら、

本を書くというのは、じつにしんどい。好きでやっているとはいえ、苦行に近い。

ベルガーさんからは、「本の執筆は、セルフコントロールできる人間しかできない。誰からの命令もないのに書くというのは、ひとつの才能だ」とおだてられたことがある。

平日は忙しく、土曜も仕事の予定が入っていることが多い。となると、必然的に日曜に書かざるをえない。幸い、子どもたちはすでに独立し、ゴルフや釣りも断念したので、執筆に専念しようと思えばできる。

とはいえ、せっかくの休息日。その気にならないときだってある。それでも、自分を奮い立たせて、机に向かう。

執筆が佳境に入ると、日曜だけでは足りず、平日の早朝に30分、1時間を執筆に充てることも多い。

私が出会った仕事ができる人は、すべからく「タイムマネジメントの達人」である。時間の価値を知り、人生という限られた時間から何かを生み出そうと必死にもがいている。

時間をコントロールすることが、人生をコントロールすることだと私は信じている。

8 第7の習慣 感謝を忘れない——活かされてこそいい仕事ができる

▼ 「選ばれる」ことは奇跡

ローランド・ベルガーの社長になり、小さいとはいえ「一国一城の主」の重さをヒシヒシと感じるようになった。それまでもパートナー（共同経営者）として経営責任を担ってはいたが、所詮「一役員」にすぎなかった。

社長は、社員たちに飯を食わせていかなければならない。きちっと仕事を確保し、どんなことをしてでも、給与を支払っていかなければならない。

しかし、当時のローランド・ベルガーはまだまだ力不足だった。安定的にプロジェクトを確保することもままならず、四苦八苦していた。

それでも少しずつ知名度は高まり、「コンペ」と呼ばれる「ビューティ・コンテスト」に呼ばれるようになった。

全員総出で提案書をつくり、私自らがプレゼンするなどして、なんとか受注を目指した。提案の内容には自信があった。

だが、結果はついてこなかった。なんと5回連続でコンペに敗れ、失注したこともある。社員たちには強気なことを言っていたが、正直、相当落ち込んだ。

そんななか、私たちに仕事を発注してくれるクライアントと出会った。涙が出るほどありがたかった。

コンペに連敗し、「選ばれない」悔しさや虚しさを味わったあとだけに、「選ばれる」ことへの感謝をあらためて感じた。

そして、「選ばれて当たり前」といつの間にか思い上がっていた自分に嫌気がさし、大いに反省した。

世の中では「選ばれない」ことが普通であり、「選ばれる」ことは奇跡である。「選ばれる」ことに感謝し、仕事を通じて精一杯恩返しをすることを私たちは忘れてはいけない。

▼ 戦略コンサルタントは「活かされてなんぼ」の仕事

戦略コンサルタントは高学歴の優秀な人間ばかりである。その人生を振り返れば、「選ばれて当たり前」を経験してきた人間が多い。

受験戦争を勝ち抜き、「狭き門」である戦略コンサルティングファームに入社する。まさに「選ばれた人生」である。

とかく、そういう人間は勘違いをし、不遜になる。役所上がりのエリート政治家がとんでもない言動で物議を醸すのは、その典型である。

戦略コンサルタントは「活かされてなんぼ」の仕事だ。

クライアントに選ばれ、クライアントに活かされてこそ、いい仕事ができる。

そして、そんな仕事を支えてくれているサポートスタッフがいるからこそ、私たちは「触媒」の仕事に専念することができる。

私たちを活かしてくれている人たちに対する感謝の気持ちを忘れてはならない。

第11章

プロフェッショナルのキャリア論
――「プロ化」するビジネス社会での働き方、生き方

1 「職業を変える」ではなく、「生き方を変える」

一度の人生で「多毛作のキャリア」を楽しむ

前章までは、「一流の触媒」になるためにはどうしたらいいかについて、私個人の経験を踏まえて語ってきた。

本書の締めくくりとして、本章ではプロフェッショナルというキャリアの選択が何を意味するのか、そしてこれから日本のビジネス社会に間違いなく訪れる「プロ化」とは何かについて触れておきたい。

私は32歳で大企業を辞めて、戦略コンサルタントというキャリアを歩みはじめた。外から見れば、たんなる「転職」に見えるかもしれないが、私にとってはもっと大きな意味があった。

戦略コンサルタントになるということは、私にとってたんに「職業を変える」ことではなく、「生き方を変える」ということだった。つまり、これからは大きな組織に属することなく、「自分の腕一本で生きていこう」と決めたのだ。

もちろん、大きな組織には、大きな組織ならではの魅力がある。大組織に属していなければ成し遂げられないダイナミックな仕事や達成感は、十分に魅力的だ。

しかし、私はその道を捨てた。捨てたからには、その選択が間違いではなかったことを、自分自身で証明するしかなかった。

その道はけっして平坦ではなかったが、30年経ったいま、まったく後悔することがない。なんといっても、私はいくつもの興味深い仕事を経験することができた。

戦略コンサルタントだけでなく、コンサルティング会社の社長・会長、大学教授、複数の会社での社外取締役、そしてビジネス書作家という、いくつもの仕事に携わるチャンスに恵まれた。

私はそれを「多毛作のキャリア」と呼んでいる。

「多毛作」とは「同じ耕地に年3回以上作物を植え付け、収穫すること」である。

私は一度の人生で、いくつもの実りを経験し、楽しむことができた。じつに幸せなことである。

日本で開催されたラグビーワールドカップで大活躍した福岡堅樹選手は、ラグビー選手引退後は、医学部を受験し、医師を目指すと明言している。開業医だった祖父の影響で、幼いころから医師になりたいと考えていた。今度は、その夢に挑戦する。

ひとつの会社に勤めつづける、ひとつの仕事をやりつづけるということがけっして悪いわけではない。

しかし、ほかに選択肢がないから惰性で続けるというのは、本人にとっても会社にとってもメリットがあるとは思えない。

自分に合わないと思ったり、ほかにやりたいことが見つかったら、違う道を選択する。そうした選択肢が用意されていることこそが、真に豊かな社会なのだと思う。

力のあるプロフェッショナルは、どこの世界でも活躍できる

ローランド・ベルガーで一緒に働いた仲間たちの中には、別の世界で活躍し、輝いている人も多い。

私の後任社長だった水留浩一さんは、スシローグローバルホールディングスCEOとして実績を上げている。

足立光さんは、日本マクドナルドの上席執行役員マーケティング本部長として、事業の立て直しに辣腕をふるった。鈴木信輝さんは、ワールドのグループ専務執行役員として活躍している。

有能な戦略コンサルタントは、変革の「ツボ」を心得ている。だから、事業会社の経営者になっても立派に通用する。

私のようにビジネススクールで人材教育に携わっている人もいる。平井孝志さんは、筑波大学ビジネススクールの教授だ。

力のあるプロフェッショナルは、どこの世界でも活躍できる。

若い人たちの中には、ローランド・ベルガーを卒業して、起業に挑戦する人も増えている。彼らの中から世の中をアッと言わせる成功者が出てくることを私は願っている。

ローランド・ベルガーは、戦略コンサルティングファームであると同時に、「人材輩出業」でありたいと私は思っている。

2 プロフェッショナル・ファームの「2つの特徴」

❶ 誰にでもチャンスがあるフェアな仕事
——みんなが出世すれば、会社は成長、発展する

ローランド・ベルガーなどの外資系戦略コンサルティングファームは、プロフェッショナル・ファーム、つまり「プロが集まった集団」である。その人材戦略にはプロフェッショナル・ファームならではの特徴がある。

ひとつめは、「誰にでもチャンスがあるフェアな仕事」だということである。

戦略コンサルティングファームというと、「Up or Out」の厳しい世界だと思われている。もちろん、それは事実だ。仕事そのものの難易度、ハードルが高いのだから、みんながみんなこの仕事に向いているとは限らない。

しかしその一方で、実力とやる気さえあれば、誰でものし上がっていくことができるフェアな仕事であるのも事実である。

一般の会社であれば、上に行けば行くほど、ポストの数は限られている。そこでの出世競争に負ければ、それ以上のポストに就くことはできない。

私たちにもポストはある。

ローランド・ベルガーの場合、新卒だと「ジュニア・コンサルタント」からスタートし、「コンサルタント」「シニア・コンサルタント」「プロジェクト・マネージャー」「シニア・プロジェクト・マネージャー」「プリンシパル」「パートナー」へと昇進の階段を上っていく。

階段をひとつずつ駆け上がっていくという仕組みは、一般企業と同じだ。

しかし、私たちの場合、それぞれのポストに「定員」はない。パートナーは何人まで、プロジェクト・マネージャーの定員は何人という縛りは一切ない。

つまり、そのポストに見合う仕事ができる人であれば、無制限に登用することができる。

会社側からすれば、「みんなに早く出世してもらいたい」と心底思っている。みんなが出世することが、会社の成長、発展につながるからだ。

戦略コンサルタントという仕事は厳しい仕事だが、みんなに平等のチャンスがある、とてもフェアな仕事でもある。まわりは関係ない。あくまでも自分次第なのだ。

若い世代の人たちがこの仕事に関心をもつ理由のひとつがここにある、と私は思っている。

Ⅴ 「出戻り自由」な会社

プロフェッショナル・ファーム、とくにローランド・ベルガーのもうひとつの特徴は、一度会社を辞め、ほかの会社、仕事を経験したあとに、また舞い戻ってくる社員が多いことだ。

現在でも、10人ほどは「出戻り組」だ。なかには、貝瀬斉さんのように舞い戻ってから活躍し、パートナーに昇進した人もいる。

私はローランド・ベルガーを「卒業」する人を引き留めることはしない。

優秀な人材が辞めるのは会社としては痛手だが、その人なりの考え、キャリアプランがあっての選択なのだから、それを尊重する。

しかし、外に出てみて、「もう一度、戦略コンサルタントをやってみたい、ローランド・ベルガーで働きたいと思うならいつでも戻ってこい」と声をかけて送り出す。

ほかの世界を知り、経験を積み、一皮剥けた人材は、私たちにとってかけがえのない魅力的な人材だ。

「出戻り自由」な会社であることによって、私たちのダイバーシティは間違いなく高まっていく。

▼「他流試合」で力をつけて「異質の人材」になる

一度辞めた人が舞い戻るという事例は、大企業でも出始めている。

たとえば、BCG時代に私の同僚だった樋口泰行さんは、マイクロソフト日本法人社長などを経験したあと、2017年に古巣のパナソニック（旧松下電器産業）に専務役員として舞い戻り、話題になった。

私が社外取締役を務めているSOMPOホールディングスのグループCSO執行役常務を務めている奥村幹夫さんも、一度会社を辞め、ほかの会社で経験を積み、舞い戻った。

少しずつではあるが、日本企業においても「出戻り」の事例は起きはじめている。

40年前、私が大手電機メーカーを辞める際、上司から「一度辞めたら、もう二度とこの会社には戻れないぞ」と言われたのを、いまでも覚えている。

私は戻るつもりなどなかったが、上司は私の行く末を案じて、そう指摘したのだろう。

しかし、時代は大きく変わりはじめている。

同質的な人間だけでは、会社を変えることは難しい。

他社や他業界で「他流試合」を経験した人間は、必ずひと回り大きくなり、同質性に風穴を開ける「異質の人材」として企業変革の原動力になりうる。

「他流試合」で力をつけた人間こそ重用すべきなのである。

3 「プロフェッショナルの時代」がやってくる

▼ 人が変わらなければ、会社は変わらない

日本企業でも「出戻り組」が出始めているという現象は、日本企業が大きく変わろうとしているひとつの前向きな兆候である。

日本企業はいま、大変革の真っただ中にある。

昭和の高度成長を背景にした成長モデルが通用しないことはみんなわかっている。みんなで汗水たらして働けば、みんなが豊かになった時代は遠い昔の話だ。

平成の時代において、その経営モデルは軋《きし》みはじめた。その結果、日本企業のグローバルでの存在感は、みるみるうちに薄れていった。

にもかかわらず、多くの日本企業は、昭和の成長モデルを引きずったまま、大胆に変えようとはしなかった。

しかし、令和の時代に入り、昭和のモデルを思い切ってぶっ壊さなければ、会社そのものがもたないほど、日本企業は窮地に追い込まれている。

そうした大変革の根幹にあるのが、人材戦略の見直しである。

トヨタ自動車は2019年度に総合職の採用に占める中途採用の割合を、2018年度の1割から3割へと引き上げ、中長期的には5割にすると明かした。[1]

自動運転など次世代技術に対応するためには、外部人材を積極的に採用し、個人の能力に応じた賃金制度を導入するなど、従来型の雇用慣行を大きく見直そうとしている。

そうした動きがとくに顕著なのが、IT業界だ。

たとえば、テンセント傘下の研究機関がまとめた「AI人材白書」によると、世界の企業が求めているAI人材は100万人。それに対し、実際に活動している専門人材は30万人ほど。70万人もの人材不足が露見している。[2]

大きな需給ギャップがある中で、グーグルやアップルなど海外のIT企業は、高額の報酬で優秀な頭脳を集めようとしている。

シリコンバレーでは、トップ技術者の報酬が1億円を超えるケースも珍しくない。中国の通信機器大手、ファーウェイ（華為技術）は、2019年入社の新卒社員に、最大で年収約200万元（約3000万円）支払うという。[3]

海外のＩＴ企業の動きに追随するのに及び腰だった日本のＩＴ企業も、ようやく重い腰を上げはじめた。

富士通は、年齢に関係なく年収３０００万〜４０００万円を支払える制度を準備している。ＮＴＴドコモも、年収３０００万円程度を支払える制度を開始した。

ＮＥＣの新野隆社長は、こう語っている。[4]

「世界で戦う以上、グローバルな人事制度に変える必要がある。採用も今までと同じ手法ではだめだ」

人が変わらなければ、会社は変わらない。

新たな時代に適合する新たな人材戦略の導入は、日本企業にとって待ったなしの急務である。

Ⅴ テクノロジーは「アマチュア」を淘汰する
――あなたは「プロ」か「アマチュア」か

これからの日本企業の人材戦略がどうあるべきかを議論する際に欠かせないのが、テクノロジーのインパクトである。

ＡＩやロボットなどの発達により、多くの職業が消えてなくなり、その結果、大量失業をもたらすなどの議論がさかんに行われている。

たとえば、イスラエルの歴史学者であるユヴァル・ノア・ハラリ氏は、ＡＩに労働者としての価値を奪われる「無用者階級」（useless class）が出現すると指摘し、大きな衝撃を与えた[5]。

また、オックスフォード大学のオズボーン准教授らは７０２の職種を対象にコンピュータへの「代替性」を検証し、「その47％がコンピュータに置き換わる可能性が高い」と発表した[6]。

先端テクノロジーがこれまでの仕事や労働にきわめて大きなインパクトをもたらすのは間違いない。

しかし、ここで私たちが注意しなければならないのは「個別差」、つまり「個が生み出す付加価値の大きさ」という視点である。

たとえば、ＡＩによって公認会計士という職業が大きな影響を受けるのは必至である。公認会計士が行う仕事の多くは、ＡＩによって代替される可能性が高い。

しかし、だからといって、すべての公認会計士が不要になるかといえば、そんなことはありえない。ＡＩでは代替できない高度な付加価値を提供することができる公認会計士は、逆にその存在感を高めるだろう。

つまり、アマチュアレベルの公認会計士はお払い箱になるが、プロの公認会計士は引く手あまたの存在になりうる。

大事なのは、「どの職業がテクノロジーによって淘汰されるか」ではなく、「その職業に従事する一人ひとりがプロなのかアマチュアなのか」ということだ。

❺ 日本のビジネス社会は、間違いなく「プロ化」していく

こうした動きは、いったい何を意味するのか。

それは、日本のビジネス社会が間違いなく「プロ化」していくということである。プロフェッショナルとして評価される高度専門性をもつ人材の価値は、ますます高まり、引く手あまたになる。

企業の側から見れば、プロを確保できなければ、企業変革は実現できない。どんなことをしてでも、プロフェッショナルを確保しなければならない。

戦略コンサルタントは「変革のプロ」であるが、ビジネスの世界においては、さまざまな分野のプロフェッショナルが必要である。

「経営戦略のプロ」「技術のプロ」「知財のプロ」「ＡＩのプロ」「デジタルのプロ」「財務のプロ」「法務のプロ」「マーケティングのプロ」など、高度専門性を備えたプロフェッショナルの確保が企業の命運を決めるといっても過言ではない。

グーグルやメリルリンチ証券、ＳＡＰなどから積極的に外部人材の幹部登用を進めるパ

ナソニックの津賀一宏社長は、こう語っている。[7]

「既存の人は既存のことしか考えられない。ビジネスモデルが議論できる人にきてもらう」

こうした流れは、日本企業を実力主義社会へと変えていく。いや、変えていかなければならないと私は思っている。

日本の企業システムのベースにあった年功序列や悪平等主義を放置したままでは、優秀な人材を獲得することができないからだ。

働いても、働かなくてもたいして評価や給与に差がつかない会社に、一流の人材が集まるわけがない。

働く側の目線で見れば、実力主義社会を勝ち残るためには、どこでも通用する真の力を身につけるしかない。出世して、大きな仕事をしたいと思うなら、プロフェッショナルを目指し、のし上がっていく気概と努力が不可欠だ。

つまり、一般企業に勤めるビジネスパーソンであっても、プロフェッショナルとして認められる存在にならなければ、高い評価を得ることはできず、昇進も昇給も望めない弱肉強食のビジネス社会になりつつあるのだ。

ということは、本書で語っている内容の多くは、じつは戦略コンサルタントという職業に限定する話ではなくなりつつある。

「『頭の知性（IQ）』×『心の知性（EQ）』×『プロフェッショナル・マインド』」という成功の方程式は、プロとしての成功を望むすべてのビジネスパーソンにとって共通する指針でもあるのだ。

Ⅴ あなたは「4つの人材区分」のどれか？

戦略コンサルティングファームの場合は、そこで働くコンサルタントは全員プロフェッショナルを目指さなければならない。プロフェッショナル・ファームを標榜する以上、それは当然のことだ。

しかし、一般の事業会社の場合、全社員がプロフェッショナルである必要はない。さまざまな職種、役割があり、それぞれの持ち場で貢献してもらうことが求められる。

ただし、事業会社においても、会社に何の貢献もしない「ぶら下がり社員」を抱えている余裕などない。

「あなたは会社のために何ができるのか？」が問われている。

それでは、事業会社における人材は、これからどのように区分されていくのか。私は次の4つに大別されていくと考えている。

❶経営リーダー人材
経営を司る経営トップ、取締役、執行役員といったトップマネジメント層およびその予備軍。

社内から昇進、昇格するのが基本だが、外部の「経営のプロ」を招聘するケースもこれからは増えていく。

❷高度専門職人材
企業価値を高めるために不可欠な高度専門的な仕事を担うプロフェッショナル人材。それぞれの分野、機能において卓越した専門性、経験を有する。

社内での育成のみならず、外部人材の活用も必須。この中から、「経営リーダー人材」が生まれる可能性もある。

❸ナレッジワーカー人材
現場における価値創造活動において付加価値の高い仕事ができる人材。

ものづくりの現場、営業の現場、サービスの現場などにおいて、実績と経験に裏付けられた高い付加価値を提供するエキスパートである。

❹マニュアルワーカー人材

付加価値の高くない仕事に従事する人材。

代替性の高いコモディティであり、やがてAIやロボットなどにとって代わられる可能性が高い。

「①経営リーダー人材」と「②高度専門職人材」は、市場性のあるプロフェッショナルと位置付けられる。

「③ナレッジワーカー人材」は、会社の中ではとても有用であるが、市場性は限定的である。いわば、会社の中において価値のある社内エキスパートである。

「④マニュアルワーカー人材」がやがてテクノロジーによって淘汰されていくとなると、企業が必要とする人材は、「①経営リーダー人材」「②高度専門職人材」というプロフェッショナルか、社内エキスパートとしての「③ナレッジワーカー人材」のみとなる。

このいずれかに該当しなければ、あなたは会社にとって「不要な人」ということになる。

つまり、新たな時代においてビジネスパーソンが直面する根本的な問いかけは、次の言葉に凝縮される。

「プロフェッショナル」として勝ち残るか？

「エキスパート」として生き残るか？

それとも、「コモディティ」として淘汰されるか？

日本企業の人材戦略は、今後10年で間違いなく激変する。その潮流についていけなければ、あなたの未来はない。

プロになることは「成功の入り口」にすぎない

「プロフェッショナルを目指せ」などとけしかけても、「自分には関係のない遠い世界の話」と思う人も多いかもしれない。

しかし「プロ化」は、私たちの身近なところにも存在する。

プロスポーツの世界を見れば、「プロ化」とはどんなことかを推察することができる。

たとえば、サッカーではプロとアマの差は歴然としている。

有能な選手たちはプロを夢見て練習に励む。どれほど優れた才能をもっていても、アマの世界でくすぶっていたままでは、サッカーで飯を食っていくことはできない。

しかし、現実を見れば、「プロvsアマ」の違いよりも、プロの世界の中での競争や格差のほうがはるかに大きく、厳しい。

たとえば、Jリーグのトップである J1でプレイする選手たちの平均年棒（2019年）は約3500万円である。

1億円以上稼ぐ日本人プレイヤーも10人以上いる。海外で活躍する日本人プレイヤーを見れば、その何倍も稼ぐ選手も増えている。

それに対し、下部組織であるJ2の平均年棒は約400万円、J3は300万～400万円程度だ。

せっかくプロ契約を勝ち取っても、大卒初任給と同じレベルの報酬しか手に入らない。だから、彼らは必死でのし上がっていくしかない。

プロになることが成功を意味するわけではない。プロとして結果を出し、上の世界で成功をつかむかどうかが試されている。

これと同様のことが、ビジネス社会でも起きようとしている。

プロフェッショナルとして認められ、その世界でのし上がっていこうとするマインドと能力をもつ者だけが勝者となる時代へと突入しようとしているのだ。

サッカー元日本代表の三浦知良選手は、こう語っている[8]。

「2部や3部では『練習環境をよくしてほしい』といった声をよく聞く。でもね、自分が上にいかない限り、環境なんて良くならないんだ。（中略）環境を改善してもらうのを夢見るより、自分でその環境へいく。生き残りたいなら、今いる場所を出てでも、上がれるだけ上がらないとね」

この言葉にプロフェッショナルの本質が凝縮されている。
居酒屋で同僚たちといくら愚痴をこぼしたところで、何も変わらない。自分の人生を変えるのは、自分自身しかいない。

4 プロフェッショナルに必要な「メンタリティ」とは何か

❶「自分の腕一本で生きていく」という覚悟はあるか？

「プロフェッショナル」という言葉は、きわめて安易に使われる言葉のひとつだ。大手企業の経営者たちも社員への訓示や講話の中で「会社はプロを求めている」「プロを目指せ」などと発破をかけるが、「プロフェッショナルとは何か」について具体的に示すことはしない。

プロフェッショナルとして認められるためには、市場が求める高度な専門性、つまりほかを圧倒する知識やスキル、経験などが不可欠である。

そして、そうした高度専門性を習得するには、人並み以上の才能や努力が必要であることも言うまでもない。

しかし、高度専門性だけを身につければ、「プロフェッショナル」と呼べるのだろうか。私はそうは思わない。

知識やスキルを磨き、経験を重ねることは大切だが、最も大事なことはプロフェッショナルとしての「メンタリティ」を常に自覚することである。

このメンタリティこそが、普通のビジネスパーソンとプロフェッショナルを分かつ分水嶺となる。

プロフェッショナルとは「自分の腕一本で生きていく」覚悟をもつ人間のことである。

組織に属することはあっても、組織に隷属はしない。あくまでも、自分個人の価値で勝負する。このメンタリティこそが、個をプロフェッショナルたらしめるのである。

自分の可能性に蓋をするな
――「きっとできる。自分にはそれだけの可能性がある」と信じる

こうした私の考え方に否定的な人もいるだろう。

「そんなことを言えるのは、あなたが勝ち組だからだ」と感じる人もいるかもしれない。

しかし、私自身の30年のキャリアを振り返ると、平穏なときなど、ほとんどなかったといっていい。

一見、華麗な転身を遂げ、成功を収めてきたように見えるかもしれないが、じつはいつももがき、悩み、自問自答していた。

そんな中で、私自身がいつも大切にしていたのはたったひとつ、「自分の可能性に蓋をしない」ということだった。

「戦略コンサルタントになんてなれるのだろうか」「プロジェクトで結果は出せるのだろうか」「自分はプロジェクトを売ることができるのだろうか」「社長である私に、社員たちはついてきてくれるのだろうか」「本なんて書けるのだろうか」……。

自分の居場所やキャリアのステージが変わるたびに、不安や弱気が頭をもたげていた。そんなとき、私は「きっとできる。自分にはそれだけの可能性がある」と自分に信じ込ませ、奮い立たせてきた。

そして、実際に多くのことを実現させることができた。

どんな人にも、その人ならではの才能や力が潜んでいると私は信じている。

でも、ほとんどの人は、そうした可能性に自分で蓋をしてしまい、活かせないでいる。

本当にもったいないと思う。

自分の可能性を信じられるのは、自分だけなのだ。

「多様性からの連帯」をどう生み出すか
──「和」は「健全なコンフリクト」の結果として生まれる

「自分の腕一本で生きていく」などというと、「日本企業がこれまで大切にしてきた『和』の精神はどうなるのだ」という批判的な意見が必ず出てくる。プロフェッショナルという言葉を「個人主義」「一匹狼」と受け取る人も多い。

たしかに、日本企業は共同体精神を大切にし、和を尊び、チームワークを重視してきた。その重要性は、これからも変わらない。

しかし、社内にプロフェッショナルが増えるからといって、和やチームワークが毀損されるなんてことはありえない。

むしろ、真のプロフェッショナルは優れたチームプレイヤーでもある。それはサッカーやラグビーなどのプロスポーツの世界を見ても同じである。

これから求められる「和」は、たんなる同質的な「仲良しクラブ」ではない。

共通の目標、ゴールを実現するために、ひとつのチームとしてまとまりながら、それぞれの専門性を発揮する。そうした「新たな和」が求められている。

私は32歳でＢＣＧに転職し、ボストンで研修を受けた。

そのときに教えられた言葉のひとつが「多様性からの連帯」(unity from diversity) だ。

個性や多様性をもつ戦略コンサルタントが、ひとつのチームとして、時にぶつかり合い、時に刺激し合いながら、目標を達成する。そこからプロ同士の連帯感が生まれてくる。

いま日本企業に求められているのは、「健全なコンフリクト」である。

それぞれがそれぞれの意見や主張をぶつけ合い、対立や衝突を恐れずに、共通のゴールに向かって突き進んでいく。未来を創造するためには、そのプロセスが欠かせない。

「和」は最初から存在するものではない。

「健全なコンフリクト」の結果として生まれるものである。

「ゆでガエル」から脱却するのは、あなただ！

経済同友会代表幹事である櫻田謙悟さん（SOMPOホールディングスグループCEO）は、「まじめなゆでガエルになっていないか」と警鐘を鳴らす。

「まじめなゆでガエル」とは、「日々がんばっているけれど、外の世界が見えておらず、がんばる方向性を間違えている人」のことだ[9]。

日本企業はいま大きく生まれ変わろうとしている。

変わらなければ生き延びていけないのだから、経営者たちは本気だし、必死だ。

問題は社員たちだ。

会社が生まれ変わろうとしているのに、社員たちの意識と行動が変わらなければ、その社員は間違いなく「お払い箱」になる。いまの日本企業にそれを躊躇している余裕などない。

プロフェッショナルとして実力社会を勝ち抜いていくか、それとも「ゆでガエル」のまま淘汰されていくか。

あなたの前には2つの選択肢しかない。

5 プロとして勝ち残るための「5つのパラダイムシフト」

それでは、実力主義社会においてプロフェッショナルとして勝ち残るためにはどうしたらいいのだろうか。その第一歩は、これまでの考え方を捨て去り、パラダイムシフト（発想転換）をすることである。

それは次の5つに集約される。

パラダイムシフト1 「社内価値」ではなく「市場価値」で勝負する

これまでのビジネスパーソンの大半は、会社の中で役に立つ、会社の中で選ばれる人間になることを目指した。

社内で評価され、認められれば、出世の階段を駆け上がり、給料も上がる。人材評価の軸は、常に「社内価値」がベースだった。

しかし、プロフェッショナルは「社内価値」ではなく「市場価値」にこだわる。

社内のみに通用する能力に依存するのではなく、より普遍的な能力、経験値を高めることができれば、自分を活かす「場」はいくらでも広がる。

「もし転職するとしたら、あなたにはいくらの値がつきますか?」

それこそが「市場価値」である。

自分を高く評価してくれる、高く買ってくれるところに身を置くのが、プロフェッショナルの基本である。

もちろん、期待値が高ければ、責任やプレッシャーは大きくなる。

しかし、その責任感やプレッシャーこそが、プロフェッショナルにとっての動力源なのである。

⑤ パラダイムシフト2 「プロセス」ではなく「結果」にこだわる

プロフェッショナルとは「仕事人」である。

自分に課せられたミッション、役割を確実に遂行することを期待されて、プロフェッショナルとしての扱い、処遇を受ける。

だから、プロフェッショナルにとっては「結果」がすべてである。

一回一回が真剣勝負だ。気を抜くことなどできない。

たとえどんなに「プロセス」が適切だったとしても、「結果」を伴うことができなければ、「プロ失格」の烙印を押される。

私はローランド・ベルガーのコンサルタントたちに、「会社へのコミットメント」は求めていない。

会社を好きになってくれる、仲間を大切にしてくれる気持ちはありがたいし、嬉しいが、仕事で成果を出せなければ何の意味もない。

プロフェッショナルにとって大切なことは、たったひとつ。それは「仕事へのコミットメント」だ。

パラダイムシフト3 「相対」ではなく「絶対」で勝負する——「自分にしかできない何か」を追求する

分野は何であれ、最も価値の高いプロフェッショナルとは、唯一無二の「絶対価値」を生み出すことができる人材である。

「代替性のない」(irreplaceable) 人材こそが、究極のプロフェッショナルと言える。

他者との相対比較の中で己を磨くのではなく、「自分にしかできない何か」を追求し、比較対象のない絶対的な存在を目指す。

そのためには、自分の強み・弱み、長所・欠点を冷静に分析し、何を磨くのか、何を伸ばすのかを戦略的に見極めることが求められる。

己を知ることこそが、プロフェッショナルへの第一歩である。

パラダイムシフト4 「他律」ではなく「自律」で行動する——「上司」は自分自身

プロフェッショナルに「上司」は必要ない。「上司」がいるとすれば、それは自分自身である。

真のプロフェッショナルチームは、共通のゴールや大きな方針、最低限のルールしか設定しない。過剰なルールや縛りなどの管理強化が、プロフェッショナルの創造性ややる気を毀損することを知っているからである。

プロフェッショナルは他者の命令や指図で動くのではなく、あくまでも自分自身の主体性で判断し、行動する。あくまでも「自主管理」が基本だ。

それができない者は、どんなに優れた才能を持ち合わせていたとしても、所詮アマチュアである。

パラダイムシフト5　「アンコントローラブル」は捨て、「コントローラブル」に集中する

プロフェッショナルにとって悲観的な状況とは、コントロール可能な選択肢がひとつもない状況のことである。

自分でコントロール可能な変数（controllable）が存在する限りは、けっして諦めず、常に楽観的に物事を考える。

自分がコントロールできるものは何かを探し出し、そこに集中し、突破口を見出そうとする。コントロールできないもの（uncontrollable）に固執したり、嘆いたりはしない。

真のプロフェッショナルは、一瞬で大きく流れを変えることができる。

それは何が「コントローラブル」で、何が「アンコントローラブル」なのかを見抜き、コントロール可能なものに集中し、専念するからである。

❖「一流の触媒」になるための3つの条件

▼企業にとって変革の難易度、複雑度、スピード感は格段に高まっている。企業変革の実現を支援する「触媒」の重要性は、ますます高まっている。

▼「一流の触媒」として機能するためには、「『頭の知性（IQ）』×『心の知性（EQ）』×『プロフェッショナル・マインド』」の3つの条件を充たさなければならない。

▼「頭の知性」は「考える力」、「心の知性」は「感じる力」のことである。

❖「頭の知性」を磨き、使いこなす技法

▼合理的な存在でなければならないにもかかわらず、会社はいつの間にか合理性を失ってしまう。そんなときほど、「アウトサイダー」である戦略コンサルタントの出番である。

▼誤った合理性に執着することが、最も不合理である。

▼戦略コンサルタントにとってロジックはきわめて重要だが、「ロジック一辺倒の怖さ」「理屈倒れの怖さ」も認識しなければならない。

▼重要なのは、ロジックを超えるクリエイティブな発想法を身につけることである。そのためには「常識を否定してみる」「『立ち位置』を変えてみる」「価値を組み合わせ、複合化

させる」「逆張りをする」「思い切って尖らせる」「未成熟なものに賭ける」など、ロジックに「ひねり」を加える必要がある。

▼ビジネスにおけるロジックは、緻密であることよりも、骨太かつ大局的であることが大切である。求められるのは「ビジネスIQ」である。

▼「筋のいいロジック」を組み立てるには、「『本当に大事なことは何か』を見極める」「世の中を『相関関係』と『因果関係』で見る」「『シナリオプランニング』を重視する」「合理的に思える戦略であっても、強固な信念にはかなわない」「自分の『思考スタイル』を見つける」など、自分ならではの手法で「頭の知性」を磨かなければならない。

❖「心の知性」を磨き、使いこなす技法

▼戦略コンサルティングの現場では、押したり引いたりしながらクライアントを変革に向かわせなければならない。そのためには、IQとEQの両方を駆使する必要がある。

▼「心の知性」とは、人の感覚や感情、情緒を読み取る力のことである。具体的には、クライアントの「心が開く」（受容）、クライアントの「心に響く」（触発）の2つの側面で機能しなければならない。

▼クライアントの「心が開く」ためには、「傾聴する」「巻き込む」「熱意を示す」に留意する必要がある。いずれもありふれたものだが、「心が開く」ためのマジックは存在しない。

▼クライアントの「心に響く」ためには、高度なデリバリー技法でクライアントを「その気にさせる」ことが肝要である。デリバリーは、「スライド表現」「口頭表現」の2つで成立する。

▼「スライド表現」の要諦は、「メッセージのクリスタライズ」「本質の明確化」「余白の使い方」の3つである。

▼「口頭表現」の要諦は、「臨場感、リアリティを訴求する」「ファシリテーションを心がける」「前向きな雰囲気をつくる」の3つである。

❖「プロフェッショナル・マインド」とは何か?

▼IQとEQを使いこなすための基盤となるのが、「プロフェッショナル・マインド」、つまり「プロとしての自覚」である。「『For the client』に徹する」「『結果』にこだわる」という意識があってこそ、IQとEQを使いこなすことができる。

▼真のプロフェッショナルであるためには、「偉そうにしない」「生意気であれ」「逃げない」「ごまかさない」「知らないことは『知らない』と言う」「『時間価値』を常に意識する」「研鑽を怠らない」「頭も使うが、気も使う」という8つの心構えを常に自覚することが大切である。

❖プロフェッショナルの時代がやってくる

- 日本のビジネス社会は間違いなく「プロ化」していく。戦略コンサルタントに限らず、プロフェッショナルでなければ勝ち残れない時代がやってくる。
- 事業会社における人材は「経営リーダー人材」「高度専門職人材」「ナレッジワーカー人材」「マニュアルワーカー人材」の4つに区分されていく。「プロフェッショナル人材」は勝ち残り、「エキスパート人材」は生き残り、「コモディティ人材」は淘汰されていく。
- どんな職業であれ、プロフェッショナルを目指すのであれば、「『頭の知性（IQ）』×『心の知性（EQ）』×『プロフェッショナル・マインド』」という成功の方程式は共通である。
- プロとして勝ち残るためには、「『社内価値』ではなく、『市場価値』で勝負する」「『プロセス』ではなく、『結果』にこだわる」「『相対』ではなく、『絶対』で勝負する」「『他律』ではなく、『自律』で行動する」「『アンコントローラブル』は捨て、『コントローラブル』に集中する」というパラダイムシフトが必要不可欠である。

おわりに――「変化《へんげ》の人」でありつづけるために

私はこれまでに2冊の「集大成」の本を書いてきた。

1冊目は2014年に出版した『現場論』(東洋経済新報社)。私が長年こだわってきた「現場」に対する思いや考えを綴ったものだ。

2冊目は2018年に出版した『生きている会社、死んでいる会社』(東洋経済新報社)だ。これは私なりの経営論、会社論をまとめたものだ。

「現場」や「経営」については、私が思うところをすべて出し尽くしたと思っている。

しかし、私が30年間やってきた戦略コンサルタントという「仕事」については、まとめたものを書いたことがなかった。

自分自身の経験を踏まえた私なりの「戦略コンサル論」をいつかは書かなければと思っていたが、自分の「仕事」を客観的に見るというのは存外に難しい。少しずつ思うところを書き溜め、今回ようやくとりまとめることができた。

どんな仕事も同じかもしれないが、若かりしころの自分の未熟さ、非力さ、無能さ、無知さ加減を振り返ると、赤面の至りである。

「あのころの私をよくぞコンサルタントとして使ってくれた」という感謝の言葉しか出

てこない。

この原稿を書き終えたいま、あらためて思うのは、「私は本当に運がいい」というひと言に尽きる。

素晴らしい人たちと出会い、導かれ、助けられてきたからこそ、ここまでやってくることができた。

そのおひとりが、2013年にはじめてお目にかかった日華化学の江守幹男名誉会長だ。福井に本社を置く同社を、北陸を代表する優良グローバルメーカーへと導かれた名経営者だ。

残念ながら翌2014年に逝去されたが、その江守さんに教えていただいたのが「変化《へんげ》の人」という言葉だ。

もともとは「欲令衆《よくりょうしゅう》」という日蓮宗のお経が原典だそうだ[1]。

努力すれば、苦境を乗り越える出会いが必ず訪れる。その出会った人こそが「変化の人」だ。

江守さんは何度も苦境に立たされたが、そのたびごとに「変化の人」に出会い、難局を乗り切ってこられた。お会いすると、そんなエピソードをいつも熱く語られた。

私自身の半生を振り返っても、何人もの「変化の人」と出会い、助けられてきた。この本で紹介した人ばかりではない。何十人、何百人という数の「変化の人」が、私の半生を

支えてくれた。

そして、私自身の仕事、つまり戦略コンサルタントという「仕事の本質」を考えると、クライアントにとって私自身が「変化の人」であらねばならないのだということにも気づかされた。

「一流の触媒」とは、クライアントにとって、まさに「変化の人」にほかならない。

正直、私は戦略コンサルタントという仕事を30年もやるとは思ってもいなかった。がむしゃらにやってきて、気がついたら、30年という年月が経っていた。

本書の中で告白したように、私はこの仕事を「楽しい」と思ったことがない。プレッシャーの大きな、とても厳しい仕事だ。凡庸な私は、そんな簡単には楽しめない。でも、50歳半ばを過ぎたころから、ようやく少しずつ「楽しむ」という感覚がわかるようになってきた。

もちろんいまだにプレッシャーは感じるが、経験の積み重ねで「引き出し」が増えた分、少しばかり心に余裕ができたのかもしれない。

人間国宝の狂言師・山本東次郎さんは、こう記している。[2]

「古典芸術の世界には俗にいうピークはない。一生が修業である。父からそう言われ続けた若い頃は、まるで到達点のない山に登らされるようで、苦痛でしかなかった。しかし、

八十一歳の今はそれをむしろ有り難く思っている。出来不出来はあっても、心の中にはその時々に精一杯力を尽くした充実感がある。（中略）登り続けることのできる山があることを幸せに思っている」

「触媒」という仕事も、ピークのない仕事である。

どこまで行っても、やり切った感がない。

以前はそれが不安でもあり、不満でもあった。しかし、だからこそ、ここまでやってくることができたのだと、最近は思えるようになってきた。

私が大好きな落語の世界でも、「30歳、40歳は鼻たれ小僧。60歳を過ぎてからようやく一人前」と言われている。

最近は、コンサルタントとしての仕事以外に、社外取締役や経営顧問、アドバイザーとしての仕事が増えている。立ち位置や役割は少しずつ異なるが、「アウトサイダー」としての助言や支援が期待されていることに変わりはない。

これからも自分の可能性に蓋をせず、価値ある「アウトサイダー」でありつづけるために、もう少し精進を続けたいと思っている。

本書は別の意味で、私にとって記念の1冊となった。それは東洋経済新報社から出版させていただく10冊目となる節目の単著だからだ。

20年以上前の1998年に『コーポレート・クオリティ』を出版して以来、現場力三部作、そして近年の『現場論』『生きている会社、死んでいる会社』という集大成の本まで、節目の本はすべて同社から出版させていただいている。

本書についても、長年にわたって適切な助言や励ましをいただいている編集者の中里有吾さんに大変お世話になった。

また、いつものことながら、本書を執筆する環境を整えてくれ、図表の作成などにも協力してくれた秘書の山下裕子さんにもお礼を申し上げたい。

中里さんや山下さんも、私にとっては大事な「変化の人」であることは間違いない。ただただ感謝である。

本書を執筆しているさなかの2019年12月21日に、愛犬シナが風の如く天国へと旅立った。かけがえのない相棒だったシナにこの本を捧げる。

2020年3月

遠藤 功

参考情報――一流の戦略コンサルタントを目指す人のための「必読の10冊」

本書では戦略コンサルタントに求められるロジカル・シンキングなどの思考法、フレームワークの活用法や分析スキルなどの具体的な技術論には基本的に触れていない。その理由は、それらについての良書が、すでに存在するからだ。

こうした思考法やスキル、技術は、戦略コンサルタントという仕事をするうえで欠かせない基盤となるべきものである。しっかりと読み込み、基本を身につけることをおすすめする。

日本人戦略コンサルタントが著した「必読の10冊」を紹介しよう（ひとりの著者につき1冊限定としている）。

❶『新装版 企業参謀』大前研一著（プレジデント社）

マッキンゼーの日本支社長などを歴任した大前研一さんの処女作である『企業参謀』が出版されたのは1975年。

いまから45年も前のことだ。1999年に新装版として出版された。

初版は半世紀近く前に出版されたにもかかわらず、その内容は色褪せることはない。それは、企業経営、経営戦略の普遍的なもの、本質的なものをカバーしているからである。

戦略的思考とは何かを軸に、戦略立案のポイント、経営計画策定の道筋などを具体的に解説している。

戦略コンサルタントのみならず、企業の経営企画部や事業企画部に勤めるビジネスパーソンにとっても必読の書である。

30歳という年齢でこのクオリティの本を書いたという事実に驚かされる。

❷『ロジカル・シンキング』照屋華子・岡田恵子著（東洋経済新報社）

マッキンゼーのエディターである二人が2001年に著した本で、ベストセラーになった。

論理的思考についての本は数多くあるが、その先駆けとなった本である。

書名は『ロジカル・シンキング』であるが、狙いはロジカル・コミュニケーション力を高めることにある。論理的に考えるだけではなく、それを相手にどう伝えるかということが主題である。

論理的に「考える」ことと論理的に「伝える」ことは同じではない。そのギャップを埋めるための技術を教えてくれる。

具体事例や問題などもあり、「頭の体操」をするのにうってつけの本である。

姉妹書ともいえる『ロジカル・ライティング』（照屋華子著）も必読。

❸『コンサルを超える 問題解決と価値創造の全技法』名和高司著（ディスカヴァー・トゥエンティワン）

元マッキンゼーのディレクターだった名和さんが、戦略コンサルタントの基本技を紹介する。たんに思考法やフレームワークを解説するだけでなく、その正しい使い方やポイントなどを披露している。

たとえば、「PEST分析」「SWOT分析」「3C分析」などの定番フレームワークについても、その落とし穴や盲点などを丁寧に解説している。

フレームワークに「使われる」のではなく、「使いこなす」ための視点を学ぶことができる。

著者は近い将来、こうしたコンサルタントの基本技はAIに取って代わられるとも指摘する。

これからのコンサルタントは「問題解決請負人」ではなく、「機会発見請負人」にならなければならないという投げかけは、きわめて重要な指摘である。

❹『脱皮できない蛇は死ぬ』堀紘一著（プレジデント社）

私が戦略コンサルタントの道を歩むきっかけとなった堀さんの著書『変われ日本人 甦れ企業』の続編。私がBCGに在籍していた1988年に出版され、「いつかこんな本を書きたい」と大きな刺激を受けた。

蛇が脱皮を繰り返して成長するように、企業も変身しなければ生き残っていけないという日本企業への強烈なメッセージが、過激なタイトルとともに話題になった。

その根底には、個と組織の関係性への批判がある。

会社に隷属するのではなく、社員一人ひとりが自立することが日本企業の成長や、日本という国の発展のために不可欠であるという指摘は、いまなお大きな課題である。

堀さんの本は、思考法やテクニック論を語るものではなく、経営の本質や経営者としてのあるべき姿を語っている。

その鋭い先見性や洞察力は、いまだに色褪せることがない。

❺『論点思考』内田和成著（東洋経済新報社）

内田さんの三部作（『仮説思考』『論点思考』『右脳思考』）はどれも必読書であるが、とりわけ『論点思考』は、ほかの書籍には見られない重要な切り口を提示している。

「あなたは正しい問いを解いているか」という投げかけは、きわめて本質的である。

一生懸命考えて、解を見出そうとしているが、そもそも設問が正しいのかという疑問を常にもたなければならない。

「○○思考」という思考法ばかりがもてはやされるが、そもそも思考の前に論点を整理しなければばならない。論点が曖昧だったり、論点がズレていれば、正しい解を導くことはできない。

「論点とは何か」「どうすれば論点を整理できるのか」などを学ぶことができる。

❻『戦略「脳」を鍛える』御立尚資著（東洋経済新報社）

戦略コンサルタントといえば「左脳」人間と思われているが、「左脳」だけに頼るのではなく、「右脳」を使いこなすことの重要性を指摘した本である。

論理的思考の積み上げは時間がかかる。思考のスピードを高めるためには、右脳によるパターン認識力を高める必要があるという指摘は、不透明な時代を生きるビジネスパーソンにとってますます重要になっている。

具体的な方法論として「3種類のレンズ」を紹介し、クリエイティブな発想力の磨き方を伝授している。

❼『一瞬で大切なことを伝える技術』三谷宏治著（かんき出版）

三谷さんは人を育てることに長けたコンサルタントだ。大切なことをシンプルに、わかりやすく教えることができる稀有な教育者でもある。

ベストセラーを何冊も著しているが、私のおすすめはこの本だ。

「大切なことはなぜ伝わらない？」という普遍的な悩みに対する答えが書かれている。

三谷さんは「一般のロジカル・シンキングは複雑すぎる。もっと単純にしないと使えない」と考え、「重要思考」という思考法を編み出した。

その極意は「大事でないならどうでもいい」。

戦略の極意とは「捨てる」ことである。同様に、伝えるための極意は「割り切る」ことだと指南する。

本当に大切なことは、とてもシンプルである。

❽『コンサル一年目が学ぶこと』大石哲之著（ディスカヴァー・トゥエンティワン）

アンダーセン・コンサルティング（現アクセンチュア）出身の著者が、若手コンサルタントに必要なベーシックスキルを解説した本。コンサル一年目とタイトルにあるが、30年目の私が読んでも大いにためになる。

なかでも、「相手の期待値を把握する」はとても大事な指摘だ。

相手が何を期待しているのかを理解しようともせず、自分勝手なロジックや主張を押しつけても、相手に引かれるだけである。

相手の期待値を把握し、コントロールできるようになったら一人前のコンサルタントである。

❾『リストラクチャリング』水留浩一・宮崎真澄著（東洋経済新報社）

ローランド・ベルガーで私の次の社長を務めてくれた水留さん（現スシローグローバルホールディングスCEO）と宮崎さんが著した企業再生についての専門書。

日本では「リストラ」というと「人員削減」というネガティブなイメージが強いが、欧米における本来の意味は「企業価値向上のための抜本的構造改革」を指す。苦境に陥った企業をどのように再生するのか、その道筋や方法論、具体的な施策を事例とともに解説している。

水留さんはローランド・ベルガーを「卒業」後、企業再生を実践する道へと入り、「プロ経営者」として実績を上げている。

⑩『AI現場力』長島聡著（日本経済新聞出版社）

ローランド・ベルガー日本法人の現社長である長島さんが2017年に出版した本である。AIやビッグデータ、IoT、ロボットなど、先端テクノロジーが経営にもたらすインパクトは計り知れない。

しかし、人間不在のテクノロジーが、人間を幸せにすることなどありえない。

AI（デジタル）と現場力（アナログ）という一見相矛盾するものをどのように組み合わせていくのか、その具体的な方法論を探ろうとしている。

日本企業の未来を創造するためのヒントが隠されている。

参考文献

第1章

[1] 並木裕太(2015)『コンサル一〇〇年史』ディスカヴァー・トゥエンティワン

[2] ジェームス・C・アベグレン(2004)『日本の経営』日本経済新聞社

[3] 並木裕太(2015)『コンサル一〇〇年史』ディスカヴァー・トゥエンティワン

[4] M・ハマー/J・チャンピー(1993)『リエンジニアリング革命』日本経済新聞社

第2章

[1] 堀紘一(1987)『変われ日本人　甦れ企業』講談社

[2] 遠藤功(1998)『コーポレート・クオリティ』東洋経済新報社

第3章

[1] 遠藤功(2004)『現場力を鍛える』東洋経済新報社

[2] 遠藤功(2005)『見える化』東洋経済新報社

第6章

[1] 名和高司(2018)『コンサルを超える　問題解決と価値創造の全技法』ディスカヴァー・トゥエンティ

ワン

第11章

[1]『日本経済新聞』2019年10月3日
[2]『日本経済新聞』2018年6月23日（夕刊）
[3]『読売新聞』2019年8月9日
[4]『毎日新聞』2019年8月20日
[5]ユヴァル・ノア・ハラリ（2018）『ホモ・デウス　上・下』河出書房新社
[6]『THE21』2019年6月号「業界&企業の未来予測」
[7]『日本経済新聞』
[8]『日本経済新聞』2019年7月5日
[9]小林喜光監修・経済同友会著（2019）『危機感なき茹でガエル日本』中央公論新社

おわりに

[1]江守幹男（2014）『変化の人』ダイヤモンド社
[2]『日本経済新聞』2019年2月24日

遠藤功著作一覧（日本語版のみ）

[単著]

[1]『コーポレート・クオリティ』（1998）東洋経済新報社
[2]『MBAオペレーション戦略』（2001）ダイヤモンド社
[3]『現場力を鍛える』（2004）東洋経済新報社
[4]『企業経営入門』（2005）日本経済新聞社
[5]『見える化』（2005）東洋経済新報社
[6]『図解 現場力』（2005）ゴマブックス
[7]『ねばちっこい経営』（2006）東洋経済新報社
[8]『事例に学ぶ　経営と現場力』（2006）ゴマブックス
[9]『ビジネスの“常識”を疑え！』（2007）PHP研究所
[10]『プレミアム戦略』（2007）東洋経済新報社
[11]『現場力復権』（2009）東洋経済新報社
[12]『競争力の原点』（2009）PHP研究所
[13]『未来のスケッチ』（2010）あさ出版
[14]『課長力』（2010）朝日新聞出版
[15]『「日本品質」で世界を制す！』（2010）日本経済新聞出版社
[16]『「見える化」勉強法』（2010）日本能率協会マネジメントセンター
[17]『伸び続ける会社の「ノリ」の法則』（2011）日本経済新聞出版社
[18]『経営戦略の教科書』（2011）光文社
[19]『図解　最強の現場力』（2012）青春出版社
[20]『新幹線お掃除の天使たち』（2012）あさ出版
[21]『現場力の教科書』（2012）光文社
[22]『現場女子』（2012）日本経済新聞出版社
[23]『言える化』（2013）潮出版社
[24]『賢者のリーダーシップ』（2014）日経BP社
[25]『ざっくりわかる企業経営のしくみ』（2014）日本経済新聞出版社
[26]『現場論』（2014）東洋経済新報社
[27]『［図解］ガリガリ君が教える！赤城乳業のすごい仕事術』（2015）PHP研究所
[28]『五能線物語』（2016）PHP研究所
[29]『結論を言おう、日本人にMBAはいらない』（2016）KADOKAWA
[30]『生きている会社、死んでいる会社』（2018）東洋経済新報社
[31]『「ホットケーキの神さまたち」に学ぶビジネスで成功する10のヒント』（2019）東洋経済新報社
[32]『ガリガリ君の秘密』（2019）日経ビジネス人文庫

[共著]

[1]『考える営業』（1994）東洋経済新報社（村山徹氏との共著）
[2]『日本企業にいま大切なこと』（2011）PHP研究所（野中郁次郎先生との共著）
[3]『「IT断食」のすすめ』（2011）日本経済新聞出版社（山本孝昭氏との共著）
[4]『行動格差の時代』（2013）幻冬舎（山本孝昭氏との共著）
[5]『LFP』（2015）PHP研究所（シャレドア・ブエ氏との共著）
[6]『令和の現場力』（2019）日本経済新聞出版社（山本孝昭氏との共著）

【著者紹介】
遠藤　功（えんどう　いさお）
ローランド・ベルガー日本法人会長。早稲田大学商学部卒業。米国ボストンカレッジ経営学修士（MBA）。三菱電機株式会社、米系戦略コンサルティング会社を経て、現職。経営コンサルタントとして、戦略策定のみならず実行支援を伴った「結果の出る」コンサルティングとして高い評価を得ている。ローランド・ベルガーワールドワイドのスーパーバイザリーボード（経営監査委員会）アジア初のメンバーに選出された。株式会社良品計画社外取締役。SOMPOホールディングス株式会社社外取締役。株式会社マザーハウス社外取締役。株式会社ドリーム・アーツ社外取締役。コープさっぽろ有識者理事。株式会社NTTデータアドバイザリーボードメンバー。『現場力を鍛える』『見える化』『現場論』『生きている会社、死んでいる会社』『「ホットケーキの神さまたち」に学ぶビジネスで成功する10のヒント』（以上、東洋経済新報社）、『新幹線お掃除の天使たち』（あさ出版）など、ベストセラー著書多数。

戦略コンサルタント　仕事の本質と全技法
「頭の知性」×「心の知性」×「プロフェッショナル・マインド」を鍛える最強のバイブル

2020年4月23日発行

著　者——遠藤　功
発行者——駒橋憲一
発行所——東洋経済新報社
〒103-8345　東京都中央区日本橋本石町1-2-1
電話＝東洋経済コールセンター　03(6386)1040
https://toyokeizai.net/

ブックデザイン……上田宏志〔ゼブラ〕
D T P…………アイランドコレクション
校　正…………加藤義廣／佐藤真由美
印　刷…………東港出版印刷
製　本…………積信堂
編集担当………中里有吾

ISBN 978-4-492-53420-5